한국 평신도들을 위한 자유함 지침서
교회 중독

홍종걸 씀

밀알북스

머리말

중독에서 자유하라

투자에 성공한 개그맨이 샐러리맨들에게 월급에 중독되지 말라고 하는 말을 들었다. 수많은 샐러리맨을 경멸하는 말 같았으나 그의 의도는 샐러리맨들을 모욕하려는 것이 아니라 어느 정도 안정된 생활을 보장하는 지금의 월급에 만족하지 말고 투자에 눈을 떠서 더 큰 부를 이루라는 의미였다.

그 말을 들으면서 우리 그리스도인들도 현재 교회에 다니면서 교회가 제공하는 예배와 프로그램에 참여하며 그것이 신앙생활의 전부인 줄로 생각하고 이 정도의 신앙생활이면 되지 않았나 하는 생각을 할 때 그 사람을 교회에 중독된 그리스도인이라 부를 수 있겠다는 생각이 들었다.

오늘 대부분의 교회는 "그리스도의 장성한 분량까지 자라가라"는 성경의 말씀을 가리우고 내가 출석하는 내 교회에 충성하는 것이 하나님이 원하시는 성도의 자리요, 구원의 자리라고 가르친다. 그 지상의 교회들이 제공하는 예배와 훈련과 프로그램이 하나님의 뜻에 맞아 구원과 영생의 문을 열고 이 땅에서 진리의 삶을 이루어 기쁨의 삶을 살게 하고 나아가 세상을 변화시키는 것이라면 당연히 그 교회가 가르치고 제공하는 프로그램에 중독(?)이 되어야 할 것이다. 그러나 모든 지상의 교회는 불완전함과 동시에 타락할 가능성을 다분히 내포하고 있다. 오늘 수많은 이단과 다수의 교회 모습이 그것을 증명하고 있다. 십자가를 건 교회들이 십자가를 통해 하나님을 섬기는 것이 아니고 십자가를 빙자하여 물신, 맘몬을 섬기고 있다. 영의 일을 행하고 가르치는 것이 아니라 육의 일을 도모하고 가르치고 있다. 대부분의 교회와 목사들은 맘모니즘과 세속주의에 빠져있다. 그들의 목표는 교인 수와 헌금을 늘려 큰 교회 건물을 짓는 데 있다. 그래서 수많은 사람 앞에 화려한 장식 속에 오케스트라, 웅장한 성가대, 각종 악기로 무장한 열정적인 찬양, 보통 사람들은 만날 수 없는 연예인과 유명인들의 간증회 등을 펼쳐 보여 주며 숫자의 폭증을 꿈꾼다. 그들은 그것을 부흥이라 가르친다. 부흥을 성취해 낸 목사들은 교인들 위에 군림하고 부와 명성과 권세를 누리는 귀족이 되어진다. 그리고 그들은 그 자리를 자녀에게 물려주며 자자손손 부와 명예를 대물림하려 획책한다. 교인들은 물질과 시간을 희생하며 교회의 그 부흥에 일익을 담당한 성도로서 일등교회에서 일등예배와 일등교육을 받으며 하나님이 기뻐하시는 신앙생활을 하고 있다고 자랑스럽게 여기고 있다. 이것이 교회중독이다.

성경이 말씀하는 교회는 눈에 보이지 않는 하나님의 교회이다. 그 교회는 물질적인 지상의 교회와 다르다. 하나님의 진리가 주도하는 완전한 교회다. 완전한 예수 그리스도의 몸이며, 성도들의 믿음의 총체이다. 지상의 교회는 부단한 개혁과 자기 부인의 노력으로 완전한 하나님의 교회를 향하여 수렴해 가야 한다. 예수 그리스도께서는 믿는 자들이 이 세상의 빛과 소금이 되어야 한다고 말씀하셨다. 높은 성과 같은 교회를 지어놓고 그 울타리 안에서 방언과 환상으로 울부짖으며 건물이 날아갈 것 같이 스피커를 틀어 놓고 찬양하며 우리를 이해 못 하는 저 밖의 세상은 불 심판을 받아야 할 사탄의 나라라고 단절시켜 놓는 것이 빛과 소금의 사명을 감당하는 모습인가? 결단코 아니다. 그것이 곧 잘못된 교회에 중독되어 죽어가는 모습이다.

중독에서 치유받고 정상화되는 것이 자유함이다. 하루빨리 대한민국의 그리스도인들이 잘못된 교회중독, 신앙중독에서 벗어나 하나님의 말씀 위에 서서 참된 그리스도의 몸 된 교회를 세우고 이 땅에서 빛과 소금의 사명을 감당하는 자유한 성도들이 되기를 염원하는 마음에서 용기를 내어 이 책을 쓰게 되었다.

믿음 생활은 기뻐야 한다고 말한다. 그러나 오늘 나의 교회생활, 신앙생활은 기쁘지 않다. 오히려 우울하고 화가 나며 때로는 슬프기까지 하다. 기쁨은 신앙의 자유함의 속성에서 오는 것이다. 이 자유함이 우리의 삶에 기쁨을 가져온다. 이 땅의 성도들이 예수 그리스도 안에서 자유함을 얻고 교회의 삶이 기뻐지고, 나의 가정과 직장과 사업의 터가 기쁨의 현장으로 변하는 역사가 있기를 간절히 바란다. 그리고 그 기쁜 신앙의 삶이 증거되어 이 땅의 사람들이 예수님께 돌아오고 사탄의 사슬에서 해방되어 기쁨의 자유함을 누리는 삶에 동참하게 되고 나아가 저 먼 땅에까지 하나님의 통치와 영광이 드러나는 역사를 꿈꾸어 본다.

 수많은 책이 쏟아져 나와 공해의 느낌을 주는 세상이다. 그 공해를 더하는 쓸데없는 일은 아닌가 하는 우려를 떨쳐버리기 어려웠다. 그러나 단 한 영혼, 오늘의 교회와 신앙의 현실에서 상처받고 방황하며, 가나안(거꾸로 읽으면 안나가) 교인이 되어가는 단 한 영혼에게라도 작은 위로와 희망이 되었으면 하는 마음에서 용기를 내었다. 평신도를 위한 책이다. 특별한 각주는 가능한 한 본문 가운데 했다. 잊거나 찾지 못해 근거를 밝히지 못한 부분들을 감안해 주시길 부탁드린다.

2023년 가을에
홍종걸 목사

차례

머리말 — 3

제1장 고통하는 교회

땅 위의 교회
  1. 고통하는 교인들과 목사들 — 17
  2. 예수를 믿는다는 의미 — 22

하나님의 교회
  1. 하나님의 교회는 건물이 아니고 성도들의 집합체이다 — 28
  2. 하나님의 예정 안에 있는 교회 — 32
  3. 하나님의 교회와 예수 그리스도 — 37
  4. 성만찬의 소교회 정신으로 돌아가야 한다 — 39
  5. 하나님의 교회는 영적 공동체이다 — 44
  6. 하나님의 교회는 영혼 구원의 기관이다 — 46
  7. 하나님의 교회는 전체적(wholistic) 구원을 목적으로 한다 — 48

제2장 중독된 교회

배금주의에 중독된 교회
  1. 돈을 섬기는 세상 — 52
  2. 수량주의 — 56
  3. 물신주의에 점령된 교회 — 58

기복신앙에 중독된 교회

1. 기복 신앙 — 65
2. 사랑의 뜻 — 67
3. 평화의 신앙이 기복신앙을 넘어서게 한다 — 69
4. 참 복 — 71

신비주의에 중독된 교회

1. 신비주의 — 74
2. 신비주의와 우리 신앙의 관계는 무엇인가? — 75
3. 신비주의: 사탄과 그 종들의 도구 — 77

개교회주의에 중독된 교회

1. 개인주의 — 82
2. 이웃과 사회를 모르는 교회 — 83
3. 무지에 중독된 교회 — 85
4. 고립에 중독된 교회 88

제3장 중독에서 자유한 교회

하나님 말씀 중심 교회

1. 말씀 위에 세워진 교회 — 92
2. 올바른 권위 — 97

예수 그리스도의 정신으로 행하는 교회

1. 예수 그리스도의 정신은 사랑이다. — 103
2. 예수 그리스도의 정신은 평화다. — 106

3. 예수 그리스도의 정신은 의로움이다. ― 109
　　4. 예수 그리스도의 정신은 자유함이다. ― 113

예수 그리스도의 목회를 따르는 교회
　　1. 가르치는 사역 ― 118
　　2. 하나님의 나라 ― 126

성령의 능력이 나타나는 교회
　　1. 예수 그리스도 정신의 원동력 ― 134
　　2. 성령의 선물들 ― 139

참 기쁨의 교회
　　1. 자유함에서 오는 기쁨 ― 152
　　2. 자유한 영혼 ― 154

제4장 작은자교회

건물 없는 교회
　　1. 성전 ― 161
　　2. 예배당 ― 164
　　3. 영과 진리의 예배 ― 165
　　4. 예배당의 건축 ― 167
　　5. 미래의 교회: 메타버스 교회 ― 168

헌금 없는 교회
　　1. 헌금을 강조, 강요하지 않는다 ― 170
　　2. 헌금의 목적 ― 173

교파 없는 교회
1. 종교 개혁 — 176
2. 교파·교조주의 — 177

직분 없는 교회
1. 평신도, 집사, 장로 — 179
2. 평신도 직제로서의 장로와 집사 — 184

통전적 영성의 교회
1. 하나님 나라의 구현 — 187
2. 통전적 영성을 기르는 길이다 — 192

소통하는 교회
1. 소통은 신앙의 본질이다 — 198
2. 이 땅과 소통하는 교회 — 199

하나님 나라에 사는 법을 가르치는 교회
1. 하나님 나라는 어떤 나라인가? — 204
2. 하나님 나라는 어디에 있는가? — 208
3. 하나님 나라는 여기에 실재하고 있다 — 213
4. 성령의 능력의 나타나심으로 — 220

제1장 고통하는 교회

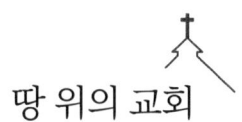

땅 위의 교회

이 땅에 우리가 볼 수 있는 모든 교회는 하나님의 교회가 아니다. 그 이유는 진리와 믿음의 완전체가 아니기 때문이다. 어느 유명한 교회의 이름처럼, The Church on the way, 과정 중에 있는 교회들이거나 세속적 가치관과 욕망을 하나님의 이름으로 충족하려 하는 잘못된 교회들이거나 둘 중의 하나다. 지상의 교회들은 진리를 향한 부단한 자기 부인과 개혁으로 하나님의 완전한 교회를 바라보며 수렴해 가야 하는 내적인 의무와 사명을 가진 공동체들이다. 이 사명을 포기하고 세상 것들을 탐하고 추구할 때 교회라는 이름을 내건 무당집이 되어버린다.

하나님의 교회는 육신의 눈으로 보이지 않는 온전한 믿음의 집합체이다. 참 진리의 공동체이며 참사랑과 평화의 공동체다. 그 교회는 건물이 없으며 믿는 자들의 믿음의 총체이다. 지상의 교회도 이를 흉내 내어 예수 그리스도를 주라 부르는 성도들의 모임이라 한다. 그러나 모인 사람들은 모두 성도가 아니고 그중에는 도적도, 강도도, 사기꾼도 섞여 있는 완전치 못한 집합체이다. 그래서 교회 안에 분쟁과 다툼이 자연스럽게 발생하는 것이다. 교회를 인도하는 목사들 가운데에도 세상의 물질과 명예와 안락을 추구하여 모든 교인을 푸른 초장이 아니라 멸망의 낭떠러지로 내모는 자들이 허다하다(그들의 특징은 하나님의 축복과 세상의 번영을 혼동시키며 목사직을 구약의 제사장직과 동일시하여 권위를 내세우고 목사의 축복권을 주장하며 신적인 위치에 서려 한다. 자신은 부와 특권을 누리고 교인들 위에 군림한다. 그들의 목회는 뚜렷한 특징과 목적이 있다).

첫째 교인 수이다.

다른 교회 교인이든 먼 곳의 교인이든 내 교회로 끌어오는 것이 첫째 목표이다. 무슨 수단과 방법을 써서라도 교인 수를 늘리는 것이 목적이다. '꿩 잡는 게 매'라는 세속적 윤리가 신앙이 되어버린다. 옳지 않은 수단과 방법도 목적을 위해 정당화되는 윤리가 통용된다. 말씀의 정신은 양보다는 질이며 성공보다는 희생이며 결과보다는 과정을 중요시한다. 예수님께서는 적은 달란트라도 주어진 것에 충실하면 많은 달란트를 이룩한 것과 동일한 상급임을 말씀하신다. 늑대 목사들은 질보다는 양이고, 영보다는 육과 물질에 목적과 초점을 맞춘다. 교인의 숫자는 성공의 증거이며 명예와 치부의 필수 조건이다.

두 번째 목표는 자신에게 맹종하는 사람들로 만드는 것이다.

도둑질한 양이든 속아서 온 양이든 일단 들어오면 목사 자신을 맹신케 하는 세뇌교육을 시킨다. 그 방법 중 하나가 신비주의로 몰아가는 것이다. 믿음은 기적을 일으킨다. 신앙 안에 신비한 일들은 어쩌면 상식이다. 인위적이고 심리적인 분위기와 세뇌 역시 초지성적인 일들을 만들어 낸다. 그것들은 사악한 의도이며 하나님께서 싫어하시는 가증한 일들이다. 사도행전에 사도들의 믿음의 기적들을 본 마술사 시몬이 돈으로 그 능력을 사려다 저주를 받는 것처럼, 교회 안에서 숫자와 헌금과 맹종을 위해 행해지는 인위적이고 심리적인 행위들은 하나님을 모독하는 불신앙이며 말씀을 악용하는 사탄의 속임수이다.

> "시몬이 사도들의 안수로 성령 받는 것을 보고 돈을 드려 이르되 이 권능을 내게도 주어 누구든지 내가 안수하는 사람은 성령을 받게 하여 주소서 하니 베드로가 이르되 네가 하나님의 선물을 돈 주고 살 줄로 생각하였으니 네 은과 네가 함께 망할지어다"(행 8:18~20)

무당도 병을 치유하고 과거를 알아맞힌다. 사탄의 종 된 목사들도 기적을 행하고 영혼을 약탈한다. 사탄의 능력조차 없는 자들은 인위적인 방법과 요사한 혀로 신비를 연출해 내어 자신이 하나님의 특별한 종인 양 행세하고 교인들의 이성과 비판 의식을 마비

시켜 맹신자로 만들어 자신의 부귀영화를 실현시키는 도구로 만드는 것이다.

세 번째는 물질 탈취이다.

그들의 특징과 목적은 헌금에 있다. 십일조, 감사헌금, 선교헌금, 교육헌금, 구역헌금, 목장헌금, 절기헌금 등 수십 개 항목의 헌금이 있다. 가장 큰 헌금이 건축헌금이다. 하나님의 집을 짓는다는데 무슨 토를 달 수 있겠는가? 집을 팔고, 전세금을 빼서 은행에 대출까지 받아서 해야 하는 헌금이다. 못하면 구원의 대열에서 탈락이다. 왜 그들은 큰 교회를 짓기 위해 전력을 다하는가? 그것은 자신의 명예 때문이다. 수만 명의 교인 수와 웅장한 교회 건물은 그들의 명함이기 때문이다. 물량과 수량을 숭상하는 세상은 그들을 성공한 기업의 총수와 같이 생각하고 대접한다. 대통령의 조찬기도회에 무명의 작은 교회 목사가 초청되는 것을 본 적이 있는가? 상가 지하의 20명, 30명 교회는 실패한 목회 현장이고 그 작은 교회의 목사는 한마디로 실패자이고 낙오자인 것이다.

마지막 목표는 자신의 부귀영달이다.

수단 방법을 가리지 않고 교인들을 모으고 헌금을 키우고 거대한 건물을 짓는 최종적 목표는 자신을 위한 축재와 안락과 쾌락과 명성이다. 최근에 T.V에서 방영된 '나는 신이다'의 이단 괴수들의 모습에서 보이는 공식과 동일하다. 돈, 힘, 쾌락인 것이다. 많은 교회가 주류, 정통 교단의 간판을 달고 있지만 이단들과 동일한 수법과 목적을 가지고 있는 교회들이 수없이 많다. 교인 수, 세뇌, 헌금, 교회 건물. 그리고 모든 것을 자신의 부귀와 안락과 쾌락을 위해 이용하는 동일한 공식인 것이다. 큰 교회를 세우고 은퇴의 때가 되면 자식을 후계자로 삼는 행태는 바로 이단 수괴의 모습인 것이다.

그 큰 교회는 자신의 능력과 지혜와 수단으로 이룩한 자신의 소유이며 개인의 기업인 것이다. 자신의 것을 남에게 줄 수 없는 것이다. 양의 탈을 쓴 거짓 목자들은 모든 것이 자신을 위한 것이며 자기중심인 것이다. 교묘하고 간교하게 하나님의 말씀을 이용하여 자신의 욕망과 쾌락에 모든 초점을 맞추는 것이 거짓 목사들의 공통된 특징이다. 이들의 교회는 이 땅에 사랑과 평화와 정의와 자유를 가져오는 하나님의 교회가 추구해야 하는 사명을 중심에 가지고 있지 않다. 아니 참 하나님의 교회를 파괴하는 양의 탈을 쓴 적그리스도의 역할을 하나님의 이름으로 수행한다. 하나님의 종이라는 가면을 쓰고 교인들의 영과 육을 유린하고 강탈하는 그들에게 약탈당하고 속고 있는 순진하고 무지한 교인들을 생각할 때 연민과 함께 거짓 목사들에 대한 분노가 치솟는다. 하물며 하나님의 마음은 얼마나 찢어지시겠는가. 인간이 시간이 지나면 타락하듯이 교회도 마찬가지다. 이 땅의 교회는 계속적으로 점검 받고 하나님의 교회로 수렴해 나가야 한다. 이 작업을 중단할 때 이 땅에 있는 교회들은 빛과 소금의 사명을 잃어버리고 인간의 단체로 전락하는 것이다. 우리는 교회를 끊임없이 갱신하며 하나님 말씀의 정신에 합하는 교회로 바로 세워 저 강도 당한 우리의 이웃들을 생명과 진리의 길로 인도해 내야 하는 사명이 있다. 은혜와 긍휼의 하나님께서 그들을 하나님의 진리 길로 이끌어 주시기를 우리의 힘과 정성을 다하여 기도해야 할 것이다.

1. 고통하는 교인들과 목사들

1) 가나안 교인들

최근에 고교 동창인 장로의 소식을 들었다. 그는 성실한 인품으로 가족과 교회만을 위하여 열심히 일하며 살아온 사람이다. 한 교회를 30여 년을 섬겨 그 교회에서 장로가 되었다. 은퇴할 나이에 새 목사가 와서 알력이 생기고 후배 장로들과도 불편한 관계가 되어서 교회를 안 나가고 가정예배로 집에서 지낸다고 들었다. 비단 내 친구만이 아니고 주위에 꽤 많은 교인이 섬기던 교회를 이런저런 이유로 떠나 방황하는 모습과 얘기들을 보고 듣고 있다. 예수를 안 믿는 것이 아니라 교회에 나가기가 꺼려져 안 나가는 교인들을 안나가교인, 거꾸로 가나안교인이라 부른다고 한다. 그들은 여러 가지 이유를 가지고 있다. 목사와의 감정 문제, 교인 상호 간의 문제, 헌금 문제, 설교 문제, 직분 문제 등등 많은 이유가 있을 것이다. 우리가 다루고자 하는 문제는 더 근본적인 문제들이다. 그것은 내가 다니고 있는 교회가 하나님의 뜻과 말씀대로 세워져 가는 교회인가 하는 것에 갈등을 느끼고 안 나가는 교인들에 관한 문제다. 사람끼리의 감정이나 제도의 문제도 심각하지만, 그런 문제들은 개선과 타협의 여지가 많고 교회의 근본적인 문제들이라고 보기보다 상황적인 문제들이라고 생각된다. 그러나 하나님의 뜻과 말씀의 정신을 역행하는 교회 문제는 생명과 구원에 관계되는 대단히 심각하고 중대한 문제다.

　이런 근원적인 갈등을 느낀 교인들은 엄청난 딜레마에 빠져 고통스러워한다. 수십 년을 섬기며 몸과 마음과 물질을 쏟아온 교회를 등지자니 발걸음이 안 떨어지고 또 나가봐야 확실한 대안도 없고 머물러 있자니 교회에 있는 시간뿐만 아니라 모든 시간이 우울하고 고통스러운 것이다. 교회생활이 혼란스럽고 기쁨이 없으면 나머지 직장, 사업, 가정의 시간도 기쁨이 없고 우울할 수밖에 없는 것이다. 그 이유는 육신의 삶은 영적 세계가 지배하는 것이기 때문이다. 고통받는 가나안교인들은 해방되어야 한다. 그들의 진리를 향한 믿음과 열정을 모아 이 땅에 하나님의 나라를 건설하는 신앙의 에너지가 되게 해야 한다. 오직 그 해결은 성경적인 교회, 곧 예수 그리스도의 가르침과 정신으로 세워진 교회에 있다.

2) 목사들도 고통한다.

　의도적으로 불신앙적이고 비성경적인 목적을 가지고 있지 않은 목사라면 자신의 목회를 성경적으로, 하나님의 영광을 위하여 시작할 것이다. 이 목표는 세상적 가치관의 즉각적이고 직접적인 저항을 가져온다. 하나님의 말씀, 곧 진리라고 교인들과 세상이 무조건 따라오고 순종하지 않는다. 교인들의 대부분은 성도가 되어지는 과정 중에 있는 세상적 가치관에 지배받고 있는 세속적 사람들과 거의 동일하다고 보아야 한다. 그들에게 원수를 사랑하고 네 이웃을 네 몸과 같이 사랑하라고 가르치고 돈과 하나님을 겸하여 섬길 수 없고, 섬기려면 네 자신을 부인해야 한다고 가르치면 그들은 신앙의 길을 떠나거나 자신의 세상적 가치관을 고집하며 가르치는 사람에게 반발할 것이다. 그 반발과 거부는 어린 초신자에게서 일어나는 것이 아니다. 태반의 경우는 그 교회의 중심 역할을 하는 장로나 힘 있는 신자들로부터이다.

목사는 점차로 현실을 깨닫고 하나님의 복과 세상의 복이 동일한 것이며 부자가 하나님이 주시기 원하시는 복이라고 가르치기 시작한다. 처음 사랑을 버린 것이다. 그는 자신을 합리화하기 시작하고 신자들에게 안위와 세상적 축복을 빌어주고 안위하는 것이 예수의 길이라고 확신하기 시작한다. 그는 가룟 유다의 길로 들어선 것이다. 부르심을 받았으나 자기의 생각과 의도와 다르다고 예수를 세상에 팔아먹은 가룟 유다의 길로 들어선 것이다. 그렇다고 그 목사들 모두가 부자가 되고 박태선이나 문선명처럼 되는 것은 아니다. 대부분은 대형 교회와 큰 교회의 호사스러운 목사들을 부러워하며 재주껏 교인들을 오도하다 사라져 간다. 자신이 사탄의 어설픈 종이 되어버리는지도 모르면서⋯.

문제는 박수와 환호가 없는 길을 뻔히 보면서도 그 길이 진리와 생명 길임을 믿고 말씀대로 순종하고 살려는 목사들의 고통이다. 그들은 분명 소수이다. 장로나 유력 교인들이 늘지 않는 교인 수와 줄어드는 헌금을 들이대면서 무능한 목사라고 삿대질할 때 설득되지 않는 설득을 하며 가슴 찢고 눈물 흘리는 목사들의 고통이다. 이 고통이 바른 하나님의 종들의 증표이다. 세상과 교인들의 박수를 받는 것이 성공적인 목사의 길이 아니다. 어느 사도가 세상의 영광과 대중의 박수를 받았는가? 어느 성도가 갑부가 되고 세인들의 추앙을 받고 영화를 누렸는가? 역사를 통틀어 예수 그리스도의 가르침을 따라갔던 제자들의 삶은 가난하고 무명이며 핍박과 죽음의 길이었다. 영적 기쁨이 충만한 길이었지만 육신의 괴로움이 수반하는 삶이었다. 육적, 세상적 영화와 영광은 거리가 멀었다. 예수님께서도 본질이 없는 율법과 외식으로 허수아비가 된 예루살렘을 바라보며 깊이 탄식하셨다.

"예루살렘아 예루살렘아 선지자들을 죽이고 네게 파송된 자들을 돌로 치는 자여 암탉이 그 새끼를 날개 아래에 모음 같이 내가 네 자녀를 모으려 한 일이 몇 번이더냐 그러나 너희가 원하지 아니하였도다" (마 23:37)

이 애통과 탄식이 가슴에 있는 목사들이 주의 길을 가는 목사들이다. 인내하고 이기면 승리와 생명의 면류관이 있을 것이다. 타협하지 않고 용기를 잃지 않기를 진심으로 기도한다. 오늘도 다르지 않다. 예수 그리스도의 가르침대로 살려는 자는 많은 세상적 난관에 봉착하게 된다. 매일 부딪히는 거짓과 불의, 부정의 크고 작은 사건들 가운데 거부하고 불이익을 당할 것인가 아니면 타협할 것인가의 기로에 서게 된다. 사도 바울은 오늘 우리에게 주어지는 선악과 사건이라고 해석한다. 선악과 사건은 아담과 이브에게 있었던 과거의 일회적 사건이 아니라 오늘 우리 믿는 자들의 매일 매일의 일상에서 그리스도의 가르침이냐, 아니면 세상의 안일한 길이냐를 선택해야 하는 현재적 사건인 것이다.

> **"뱀이 그 간계로 하와를 미혹한 것 같이 너희 마음이 그리스도를 향하는 진실함과 깨끗함에서 떠나 부패할까 두려워하노라"**(고후 11:3)

믿음의 길과 세상 영화의 길을 동시에 가려 하는 자는 결국 타락의 구렁텅이로 떨어지고 만다. 자신의 세상적 욕망을 포기하지 않으면 결코 그리스도의 제자가 될 수 없다. 목사와 성도들의 고통은 자신의 욕망을 주 예수 그리스도 십자가 앞에서 철저히 포기하지 못했기 때문이다. 거의 불가능한 일처럼 보이지만 "누구든지 나를 따라오려거든 자기를 부인하고 자기 십자가를 지고 나를 따를 것이니라"(마 16:24)는 예수님의 말씀에 제자의 길이 있고 구원의 길이 있다. 교인들도 고통받고 있고 목사들도 고통하며 신음하고 있다. 만물이 고통할 때가 올 것이라고 주님은 말씀하셨다. "너는 이것을 알라 말세에 고통하는 때가 이르러"(딤후 3:1)라는 주님의 말씀대로 마지막 때가 가까이 온 것 같다. 이 불의한 욕망과 포악이 혼란을 더해 가는 이 시대가 사람(아담)이라는 명칭을 잃어버리고 흙(아다모)이 되는 세대가 될 것이라는 불안한 마음을 떨쳐버릴 수가 없다. 이 땅 위의 교회들이, 곧 교인들과 목사들이 길을 잃고 고통하고 있다.

2. 예수를 믿는다는 의미

우리의 고통은 예수님을 믿는다는 것에 있는 것이 아니라 예수님의 가르침대로 살지 않기 때문에 오는 것이다. 예수님을 바로 알고 바로 믿으면 고통이 아니라 기쁨이 삶에 충만하게 되는 것이다. 먼저 예수님을 믿는다는 의미가 무엇인지 알아야 할 것이다.

1) 예수가 그리스도임을 믿는 것

교회의 체제를 유지하기 위한 교리라고 흘려보내기 쉽지만, 이 믿음은 그냥 생기는 것이 아니다. 성령의 역사이다. 복음의 핵심이다. 예수님은 하나님께서 보내신 하나님의 아들이요, 그의 오신 목적은 인간의 능력 밖에 있는 죄의 문제를 해결하기 위하여 오신 것이다. 십자가, 그의 죽음은 인류의 돌이킬 수 없는 타락을 회복시켜 주시는 길일뿐만 아니라 나의 죗값을 대신 치러 주신 희생임을 믿는 믿음이다. 그리고 예수 그리스도를 믿는 자는 그의 부활과 같이 하나님의 영원한 생명에의 부활에 참여할 것을 믿는 믿음이다.

> "시몬 베드로가 대답하여 이르되 주는 그리스도시요 살아 계신 하나님의 아들이시니이다"(마 16:16)

2) 예수님의 가르침대로 사는 것

예수 그리스도를 믿는다는 고백은 입으로만 선포되어지는 것이 아니다. 입으로 시인하고 고백하는 것은 중요한 것이지만 그 입으로의 고백은 우리의 삶으로 증거되어야 진짜 믿음이 되는 것이다. 로마서에 "사람이 마음으로 믿어 의에 이르고 입으로 시인하여 구원에 이르느니라"(롬 10:10)는 말씀은 진실되고 심각한 믿음을 의미한다. 이 말씀이 선포된 시기는 신앙에 대한 로마의 핍박이 극심하던 때였다. 예수 그리스도를 믿는 자로 체포되면 모진 고문과 순교를 각오해야 했던 시대였다. 배교를 강요당했다. 예수를 욕하고 저주하면 배교로 인정하여 목숨을 구할 수 있었다. 그러나 초대 교회 교인들은 입으로 예수님을 부인하지도 저주하지도 않고 맹수의 아가리에 찢기며 죽어갔다. 그들은 마음으로 믿은 예수님을 죽음 앞에서도 입으로 부인하지 않았다. "입으로 시인"한다는 의미는 목숨을 건 선택이었다. 오늘같이 결신기도를 따라 하면 '당신은 하나님의 자녀가 되었고 구원 얻었다'는 선포를 듣는 '입으로의 시인'이 아니다. 예수 그리스도를 구주로 시인한 그 입으로 포악하고 음란하고 이웃을 해치는 거짓을 말하는 이중적 믿음이 입으로의 시인이 아니다.

초대 교회 교인들은 예수를 믿을 때 예수님의 가르침대로 서로 사랑하는 삶을 살고 하나님 나라에 소망을 확신하는 믿음의 삶에 목숨을 걸었다. 그렇다, 참된 믿음, 구원받은 믿음은 심령으로 예수님을 모시고 삶의 모든 것을 희생하더라도 예수님의 가르침대로 사는 것이다. 거기에 성령의 함께하심이 있고 성령의 인도하심이 있고 성령의 역사가 나타나는 것이다. 오늘 성도 개개인의 삶에 성령의 나타나심이 없는 까닭은 성도들이 예수님의 가르침대로 살지 않기 때문이다. 교회도 역시 예수 그리스도의 정신과 가르침을 따르지 않고 세상의 풍조와 가치를 추구하기에 성령의 역사가 없는 것이다.

우리의 교회가 다시 이 땅에 빛과 소금의 역할을 회복하는 길은 세상의 신인 돈을 버리고 예수 그리스도의 가르침을 묵묵히 실천하는 것이다.(물론 우리의 소유를 일시에 다 버리고 성 어거스틴처럼 무소유의 삶을 살라는 것은 아니다. 가치관의 순서를 바꾸라는 것이다. 돈은 소중한 것이지만 하나님 위에 혹은 동일한 위치에 놓지 말라는 것이다) 예수 그리스도의 가르침 곧 정신에 대해서는 뒷부분에 기술하고 있으니 여기서는 간략하게 설명하겠다.

- 누가복음 19장에 예수님은 이웃을 향한 바른 자세를 회복한

세리장 삭개오에게 구원을 선포하셨다.

> "삭개오가 서서 주께 여짜오되 주여 보시옵소서 내 소유의 절반을 가난한 자들에게 주겠사오며 만일 누구의 것을 속여 빼앗은 일이 있으면 네 갑절이나 갚겠나이다 예수께서 이르시되 오늘 구원이 이 집에 이르렀으니 이 사람도 아브라함의 자손임이로다"(눅 19:8, 9)

삭개오는 세리장으로 지배 민족인 로마 정부에 동족에게 세금을 뜯어내어 바치고 거기서 이득을 취하여 치부하였던 매국노로 유대인들에게 손가락질받던 인물이었다. 거기다 예수님께서는 삭개오의 깊은 말씀의 지식이나 믿음을 보시고 구원을 선포하신 것이 아니었다. 예수님께서는 돈밖에 몰랐던 삭개오, 맘모니즘의 가치관을 가지고 있던 그가 자신을 지키는 최대, 최후의 보루인 돈을 포기하고 하나님께서 원하시는 이웃과의 올바른 관계로 변화할 때 구원을 선포하신 것이다.

- 또 누가복음 10장에 예수님의 놀라운 비유가 있다.

> "예수께서 대답하여 이르시되 어떤 사람이 예루살렘에서 여리고로 내려가다가 강도를 만나매 강도들이 그 옷을 벗기고 때려 거의 죽은 것을 버리고 갔더라"(눅 10:30)

> "네 생각에는 이 세 사람 중에 누가 강도 만난 자의 이웃이 되겠느냐 이르되 자비를 베푼 자니이다 예수께서 이르시되 가서 너도 이와 같이 하라 하시니라" (눅 10:36, 37)

강도 만난 사람을 구해준 사람은 제사장도 레위인도 아니었다. 그는 유대인들이 개라며 상종하지 않았던 사마리아인이었다. 당시 종교 지도자, 권세자들인 제사장과 레위인들에게는 이를 갈 만한 말씀이었다. 거기다 결론으로 예수님은 유대인들을 향하여 "가서 너도 이와 같이 하라" 하셨다. 가히 사형에 해당하는 말씀이 아닐 수 없다. 이 말씀은 우리 믿는 자들에게 삶의 초점이 어디에 있는 가를 명확히 가르쳐 주신 말씀이다. 우리 성도들의 신앙은 이웃과의 관계로 표현되는 것이다. 하나님을 향한 형식적인 예배가 먼저가 아니라 가난하고 병들고 소외되어 눈물 흘리는 우리 이웃을 위한 봉사와 희생과 나눔의 삶이 먼저인 것이다.

> "진실로 너희에게 이르노니 무엇이든지 너희가 땅에서 매면 하늘에서도 매일 것이요 무엇이든지 땅에서 풀면 하늘에서도 풀리리라" (마 18:18)

> "임금이 대답하여 이르시되 내가 진실로 너희에게 이르노니 너희가 여기 내 형제 중에 지극히 작은 자 하나에게 한 것이 곧 내게 한 것이니라 하시고" (마 25:40)

예수 그리스도의 가장 근본적인 가르침과 정신은 긍휼과 자비, 곧 사랑이다. 하나님 말씀의 핵심이 사랑이라고 가르치셨다.

> "예수께서 이르시되 네 마음을 다하고 목숨을 다하고 뜻을 다하여 주 너의 하나님을 사랑하라 하셨으니 이것이 크고 첫째 되는 계명이요 둘째도 그와 같으니 네 이웃을 네 자신 같이 사랑하라 하셨으니 이 두 계명이 온 율법과 선지자의 강령이니라" (마 22:37~40)

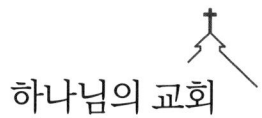

하나님의 교회

1. 하나님의 교회는 건물이 아니고 성도들의 집합체이다.

"고린도에 있는 하나님의 교회 곧 그리스도 예수 안에서 거룩하여지고 성도라 부르심을 받은 자들과 또 각처에서 우리의 주 곧 그들과 우리의 주 되신 예수 그리스도의 이름을 부르는 모든 자들에게"(고전 1:2)

교회 건물 중독에서 자유하라.

오늘의 교회는 예수님의 가르침과 정신은 간데없고 교회 건물을 크고 아름답게 짓는 것이 목적이다. 교인 숫자를 늘리는 데 혈안이 되어 있는 이유는 많은 인원이 있어야 많은 헌금을 거둬 들일 수 있기 때문이다. 그리고 헌금의 목적은 크고 화려한 건물을 짓는 것이다. 크고 화려한 교회 건물을 소유하려는 몸부림의 배후에는 목사의 명성과 안락과 치부를 향한 탐욕이 도사리고 있다. 큰 교회 건물을 짓고 수천수만의 교인들을 모은 목사는 명성과 더불어 지상에서 최고, 최상의 대접과 영광을 받는다. 성공한 기업가들에 부럽지 않는 물질과 육신의 사치를 누린다. 개인적인 치부는 말할 것도 없다.

    목사들이 개인적인 입신양명의 세속적 욕심을 버리고 땅에 떨어져 묻혀 썩어지는 한 알의 씨앗이 되는 헌신이 없는 한 성도들, 곧 하나님 교회의 고통은 끝나지 않을 것이다. 오늘의 교회는 교회 건축과 건물에 중독되어 있다. 목사들은 웅장하고 아름다운 건물을 지어 놓고 그것이 예루살렘 성전인 양 그 건물 안에 성령이 계시고 그곳에서 예배하고 기도해야 하나님이 받으시고 들으신다는 믿음을 전하며 교인들을 오도한다. 점차로 교인들은 교회 건물을 신성시하고 하나님께서 거하시고 예배를 받으시는 거룩한 장소로 인식하게 된다. 그래서 목사들은 들어서기만 하여도 경건한 분위기에 휩싸일 수 있는 교회 건물을 짓기 위해 혈안이 되어 있는 것이다. 오늘의 교인들은 교회 건물을 하나님께서 거하시는 거룩한 장소이며 강단은 지성소의 개념으로 무의식적으로 인식하며 점차로 교회 건물 중독증 환자들이 되어가고 있다.

    현대의 교회 건물들을 모두 부수자는 의미는 아니다. 상상을 초월하는 재물을 투입한 아까운 건물을 왜 부숴야 하겠는가? 이미 지어진 건물들은 예배와 친교와 교육의 장소로 활용해야 할 것이다. 성도들이 모여 예배하고 친교하며 선교의 힘을 모으는 장소로써 교회는 필요할 것이다. 그러나 그 건물에 거룩성을 부여해서는 안 된다. 그 건물이 특별히 거룩하고 경건해지는 장소가 된다면 그것은 우상이 되는 것이다. 구약에 성막과 같이 정말 특정한 건물에 하나님이 거하시고 역사하신다면 그 건물은 절대로 불에 탈 수도 없고 태풍에 지붕이 날아가지도 않을 것이다. 십자가를 붙인 교회 건물이라 해서 우상이 되어서는 안 된다는 말이다. 교회 건물에 대한 인식을 달리해야 한다는 것이다. 교회 건물도 일반 건물과 똑같은 건물이다. 오래되면 무너지고 불에 타고 태풍에 날아갈 수도 있는 물질로 지은 건물이라는 말이다. 상징성은 가질 수 있으나 그곳은 특별히 하나님이 크게 역사하시거나 거하시는 장소가 아니라는 말이다. 하나님께서는 어디에나 동일하게 계시고 역사하신다. 초막이나 궁궐이나 웅장한 교회 건물이나 천막 친 개척교회나 내가 자고 먹고사는 집이나 화장실에도 동일하게 계시고 역사하고 계시는 분이시다. 오히려 하나님께서는 가난하고 병들고 소외된 사람들이 거하는 장소에 더욱 관심과 사랑을 가지고 계신다. 건물을 성전이라 강조하며 거대하고 화려한 교회를 건축해야 한다는 목사들을 경계해야 한다. 그들의 말을 추종하면 안 된다. 세상의 어두운 곳을 밝히는 데 사용해야 할 물질을 목사의 야욕을 충족시키려는 교회 건물에 쓸어 넣어서는 안 된다. 교회 건물을 우상화시키고 자신의 입신양명의 도구로 사용하는 목사들이 만들어낸 건물 신앙에 중독되어서는 안 된다. 예수님은 예루살렘 성전을 보시고도 시큰둥하셨다. 아무것도 아닌 것을 아시기 때문이었다. 그 당시 놀라운 건물이었던 예루살렘 성전은 거룩한 건물이 아니라 믿는 자 한 사람보다 못한 썩어질 물질 그뿐이었던 것이다. 그래서 주님께서는 자신의 죽음과 부활을 예루살렘 성전의 무너짐에 비유하신 것이다. 예수님의 몸이 성전이고 거듭난 성도들의 몸이 성전인 것이다.

> "예수께서 성전에서 나와서 가실 때에 제자들이 성전 건물들을 가리켜 보이려고 나아오니 대답하여 이르시되 너희가 이 모든 것을 보지 못하느냐 내가 진실로 너희에게 이르노니 돌 하나도 돌 위에 남지 않고 다 무너뜨려지리라"(마 24:1, 2)

> "예수께서 대답하여 이르시되 너희가 이 성전을 헐라 내가 사흘 동안에 일으키리라"(요 2:19)

물질인 건물을 거룩하게 여기는 신앙중독에서 벗어나 자유하시기를 바란다. 건축헌금을 못 했다고 위축되지 말기를 바란다. 하려 했던 건축헌금의 십 분의 일이라도 주위의 어렵고 힘든 이웃을 위해 예수 그리스도 사랑의 이름으로 사용하기를 바란다. 성령께서 주시는 기쁨이 더욱 충만할 것이다. 현대의 특성상 모임의 장소로서의 교회 건물을 부정하는 것은 아니다. 그러나 건물을 건축 혹은 소유한다고 할지라도 가장 적은 물질로 유지가 가능한 소박하고 최소한의 건물이어야 한다.

2. 하나님의 예정 안에 있는 교회

1) 예정론

하나님께서는 아담과 이브에서 보듯이 선악과를 선택할 수 있는 자유 의지를 주셨다. 선악과를 못 먹게 만드시거나 선악과나무에는 접근할 수 없도록 원천 봉쇄해 놓으신 것이 아니다. 하나님께서는 선악과에 대한 사전 교육을 하셨다.

> "선악을 알게 하는 나무의 열매는 먹지 말라 네가 먹는 날에는 반드시 죽으리라 하시니라"(창 2:17)

그리고 마지막 선택은 인간에게 맡겨 놓으셨다. 하나님께서 덫을 놓으신 것이 아니다. 하나님께서는 인간이 선악과가 아니라 생명나무 열매를 먹고, 하나님의 원래 계획인 인간이 하나님과 더불어 영생하기를 원하셨던 것이다. 영생의 첫 번째 단계는 생명나무와 선악과나무 중 영생의 문을 여는 생명나무의 열매를 선택하는 인간의 의지로 이루어지는 것이다. 영생의 길을 마련해 주신 것은 하나님의 은혜다. 그러나 생명나무의 열매를 따먹고 영생의 길로 들어서는 것은 하나님께서 주신 자유 의지를 따라 선택하는 것이다. 이것이 선악과의 메시지이다. 오늘도 바울의 해석처럼 믿는 자들은 매일 그리고 매 순간 선악과를 따먹을 것인가 아니면 참고 하나님의 말씀에 순종하여 생명나무 열매를 따먹을 것인가를 선택을 해야 한다. 오늘 믿는 자들이 삶의 현장에서 만나는 작고 큰 사건들을 결정할 때 예수 그리스도의 정신이 아니라 세상적 가치관과 기준으로 선택하고 결정하는 것이 예수 그리스도를 향한 깨끗함과 진실함에서 떠나 부패하는 것이고 선악과를 따먹는 것이다. 사도 바울의 선악과 해석이다.

> "뱀이 그 간계로 하와를 미혹한 것 같이 너희 마음이 그리스도를 향하는 진실함과 깨끗함에서 떠나 부패할까 두려워하노라"(고후 11:3)

성경적 하나님의 예정은 예수 그리스도와 교회를 통한 믿는 자들의 구원이며 영생인 것이다.

예정론과 자유의지론, 혹은 만인구원설은 많은 논쟁을 불러일으켰던 문제다. 예정론은 모든 것을 하나님께서 미리 예정해 놓으셨다는 견해다. 창조와 타락과 구원, 그리고 영생 모든 것을···. 나아가서 개인의 구원도 이미 결정되어진 것이어서 구원의 예정이 있는 사람은 아무리 타락한 불신앙의 삶을 살아도 반듯이 회개하고 구원받고, 반대로 구원의 예정이 없는 사람은 아무리 신앙생활을 잘해도 결국 타락하여 구원받지 못한다는 이론이다. 예정론을 잘 못 알고 있는 사람들은 심지어 모든 인간 한 사람 한 사람의 일거수일투족을 하나님께서 미리 결정해 놓으셨다는 믿음으로까지 끌고 간다. 아침에 무엇을 먹었는지 화장실에 가는 시간, 무슨 신발을 신고 나갈 것인지 등등 모든 것이 예정이라는 것이다. 한마디로 인간은 하나님께서 프로그래밍해 놓은 로봇이 되는 것이다. 인간의 의지와 선택은 없다는 데까지 이르게 된다. 하나님께서 미리 예정하고 결정해 놓은, 인간의 의지가 작동할 수 없는 일인데 인간에게 그 책임을 물을 수는 없는 것이다. 인간이 지은 모든 죄는, 가룟 유다가 예수님을 팔아먹은 죄까지도 인간의 책임이 될 수 없는 것이 된다. 바울 서신을 포함해서 사도들이 성경에 기록한 많은 신앙생활의 권고들은 무엇 때문에 써놓은 것인가? 그냥 내버려 두어도 결과는 정해져 있는데. 아무리 노력하고 애써도 지옥갈 사람은 정해져 있고, 내 멋대로, 욕망대로 살아도 구원받을 사람은 하나님의 영생을 얻을 것이지 않은가. 잘못 이해한 예정론이다.

2) 하나님의 예정은 교회의 예정이다.

교회는 건물이 아니라 성도들의 공동체이다. 다시 말하면 믿음의 집합체이다. 하나님께서는 성도들의 믿음의 총체적 능력을 통하여 인류를 구원하실 것이다. 하나님의 예정은 하나님의 말씀을 거역하고 배반한 인간을 그냥 내버려 두지 않으시고 구원의 기회를 주시겠다는 것이다. 그리고 그 역사는 예수 그리스도의 십자가 대속이라는 하나님의 방법을 통하여 이루어질 것이다. 그리고 마지막 그날까지 그리스도 사역의 계승자, 교회 곧 믿음의 성도들이 이루어 갈 것이라는 예정이다.

> "또 내가 네게 이르노니 너는 베드로라 내가 이 반석 위에 내 교회를 세우리니 음부의 권세가 이기지 못하리라"(마 7:25)

주님께서 세우시겠다던 주님의 교회는 베드로 개인을 지칭하는 것이 아니라 베드로가 고백한 신앙 위에 세우시겠다는 말씀이다. 다시 말하면 모든 믿는 자의 믿음 위에 주님의 교회를 세우시겠다는 말씀이다. 그 믿음의 총체인 교회는 음부의 권세, 곧 사탄과 죽음의 권세를 능히 이겨낸다는 것이다.

> "주는 그리스도시요 살아 계신 하나님의 아들이시니이다"(마 16:16)

3) 예정은 하나님의 은혜이다.

먼저 생명나무와 선악과, 선택할 수 있는 인간의 의지, 그리고 예수 그리스도의 몸된 교회를 통한 인간 구원, 그 모든 것이 하나님의 은혜임을 잊지 말아야 할 것이다. 하나님의 창조는 신비의 분야일 수밖에 없다. 성경은 창조에 대한 구체적인 설명이 없다. 온 우주와 인간창조의 이유를 구체적으로 알 길이 없다. 다만 모든 창조가 사랑이신 하나님의 뜻과 역사임을 미루어 짐작할 뿐이다. 특히 선악과나무의 사건은 하나님의 사랑을 구체적으로 선포하는 아주 핵심적인 사건이다. 하나님께서는 창조하신 인간에게 악을 선택할 수도 있는 자유의지를 주셨다는 것은 하나님의 사랑을 단적으로 나타내는 것이다. 하나님께서는 자신의 형상을 따라(the image of God) 사람을 창조하셨다. 그 의미는 하나님과 같은 존재를 만드셨다는 것이다. 미리 프로그래밍 돼 있는 로봇과 같은 존재를 만드신 것이 아니라 자유롭게 생각하고 고민하고 선택하고 결정하는 존재를 만드셨다는 것이다. 하나님께서는 악의 미혹을 극복하고 진리와 선을 선택하는, 곧 하나님을 선택하는 인간을 원하셨던 것이다. 그 이유는 당연히 하나님 사랑의 동등한 대상이 되어야 하기 때문이다. 하나님과 더불어 영생을 누리는 존재는 로봇이 아니라 하나님과 동등한 인격적인 존재여야 하는 것이다. 성도들이 훗날에는 천사들의 시종을 받을 것이라는 말씀은 천사들은 하나님의 형상을 따라 창조된 존재들이 아니라, 하나님과 그의 형상을 쫓아 창조된 하나님의 자녀가 될 수 있는 사람을 섬기는 존재들로 원래 만들어졌다는 의미다. 창세기 1장에 나타난 하나님의 형상(the image of God) 그리고 그와 같이(likeness)라는 두 구절은 인간 창조를 창조하신 하나님의 의도를 잘 보여 주는 단어이다. 우주의 창조주이신 하나님의 형상을 따라 하나님 같이 창조된 존재인 인간! 이 얼마나 놀랍고 신비로운 일인가? 이것이 인간을 향하신 하나님의 사랑과 은혜이며 예정이다.

3. 하나님의 교회와 예수 그리스도

1) 교회의 형성

예수 부활 승천 후에 제자들이 예수의 가르침과 사역의 계승으로 각처에 모임이 형성되었다. 가는 동네마다 예수의 가르침을 따르는 사람들이 모여 찬미하고, 떡을 떼며 친교하고 성만찬을 행하며 예수를 기념하였다. 오늘과 같은 건물이 있었던 것이 아니며 어느 성도의 가정에서 모였다. 예루살렘에서도 예배, 친교, 성찬을 위한 믿는 자들의 모임이 여러 곳에 있었다. 그리고 점차로 예루살렘 밖으로 퍼져나갔다. 교회를 예수 그리스도의 몸이라 부르고, 교회의 머리를 예수 그리스도라 하는 이유이다.

2) 교회의 기초

교회는 예수님의 가르침과 정신에 위배되는 일이나 관계없는 일들이 일어나거나 도모돼서는 안 되는 곳이다. 예수를 주님으로 고백하는 사람들이 모여서 예수의 가르침을 어떻게 구현해 낼 것인가를 연구하고 실행해 나가는 곳이다. 예수의 메시지는 회개하고 하나님 나라에 합당한 사람들이 되라는 것이다. 회개는 돌이키라는 뜻이다. 하나님 나라에 합당한 사람은 사랑과 평화와 의로운 삶을 사는 사람이다. 의로운 마음으로 서로 사랑하며 평화의 삶을 살면 그 사람은 하나님의 백성이 되고, 그의 삶을 보고 이웃들이 하나님께 영광을 돌리게 하라는 것이다.

> "이같이 너희 빛이 사람 앞에 비치게 하여 그들로 너희 착한 행실을 보고 하늘에 계신 너희 아버지께 영광을 돌리게 하라"(마 5:16)

교회의 기초는 예수 그리스도의 가르침, 곧 예수 그리스도의 정신이다.

3) 하나님의 계획 – 예수 그리스도의 교회

하나님께서는 인류의 구원을 위해 예수 그리스도를 통한 교회를 계획하셨다. 예수 그리스도의 십자가 죽음이 대속의 희생임을 믿고 죄의 문제를 해결한 성도들이 이루는 교회를 통해 사탄의 나라를 무너뜨리고 구원의 문을 여시려는 뜻을 예정하셨다. 사도 요한은 예수님께서 이 땅에 오신 목적이 사탄을 쫓아내려 함이라고 선포하셨다.

> "죄를 짓는 자는 마귀에게 속하나니 마귀는 처음부터 범죄함이라 하나님의 아들이 나타나신 것은 마귀의 일을 멸하려 하심이라"(요일 3:8)

하나님께서 주신 교회 곧 예수 그리스도의 교회는 예수 그리스도의 십자가 피 흘림을 통해 죄 씻김받고 구원받은 성도들의 믿음의 집합체이다. 시공을 초월하여 역사하는 믿음의 공동체이다. 지상에 있는 건물을 가진 불완전한 교회들이 아니라 눈에 보이지 않는 진리의 교회이다. 예수 그리스도의 교회는 시험에 들지 않는 교회이며 마귀가 대적할 수 없는 흔들리지 않는 진리의 교회이고 인류를 구원하시려는 하나님의 뜻을 실현하는 교회이다. 마귀의 궤계를 훼파하며 마귀의 나라와 영역을 무너뜨리고 마귀에 억눌려 종노릇 하는 사람들을 자유케 하는 교회이다.

우리 성도들에게 주어진 사명은 바로 이 땅에 있는 불완전한 '보이는 교회'(visible church)를 예수 그리스도의 진리와 생명의 교회를 향하여 끊임없이 수렴해 나가는 것이다.

4. 성만찬의 소교회 정신으로 돌아가야 한다.

성만찬의 소그룹은 예루살렘교회의 모습이다. 5, 6명에서 20명 정도로 수십 명인 모임이었을 것이다. 마가의 다락방처럼 100여 명의 사람들이 모였던 장소도 있었지만 점차로 유대교 사회에서 그리스도인들의 모임은 소그룹으로 수를 더하여 갔을 것이다.

"그들이 사도의 가르침을 받아 서로 교제하고 떡을 떼며 오로지 기도하기를 힘쓰니라"(행 2:42)

초기 그리스도 교회는 어느 지역에서는 소그룹의 모임에서 점차로 수백 명이 모일 수 있는 건물로 변화해 갔을 것이다. 비록 쇠퇴하여 사라져 갔지만 지금도 그리스에 에베소교회의 터가 남아 있다. 로마 황제의 핍박을 시작으로 교회들은 지하로 가정으로 숨어들어갔다. 로마가 그리스도교를 공인하면서 그리스도교회는 웅장한 교회 건물들을 건축하고 그곳에서 예배드리기 시작했다. 형식과 계급이 제도화하고 점차로 교회는 돈과 권력 앞에 타락해 갔다. 핍박을 받던 시기에는 지하에서 가정의 소규모 모임에서 생명력을 발휘하던 교회가 양성화되고 웅장한 교회 건물들을 건축하고 성도들 안에 계급과 지위, 그리고 형식이 제도화하고 법률화될 때 교회는 무너져 내리게 된 것이다. 중세를 지나 계몽의 시대와 산업혁명과 인터넷 시대에 이른 오늘까지 교회는 세상을 변화시키는 무대에서 내려와 무속화 되고 이기주의와 황금만능주의에 굴복하며 세상의 빛과 소금의 역할에서 멀어져가고 있는 것이다. 물론 16세기에 시작된 개혁운동으로 한때는 부흥하고 오늘까지 그 명맥을 유지하고 있다. 그러나 종교개혁 500여 년이 흐른 오늘은 교회가 물질과 맘모니즘에 굴복하여 생명의 빛을 잃어가는 암울한 시대가 되었다. 오늘은 다시 한 번의 신앙과 교회의 혁명이 요청되는 세기말적인 암울한 시기를 지나고 있다.

교회의 살길은 작은 교회들과 그 연합으로 돌아가는 것이다. 모여드는 사람들을 위해 큰 교회가 필요하다고 생각할 수 있다. 혹 특정한 목사의 인기 때문에 사람들이 몰려들어 큰 장소가 필요하다면 많은 지교회로 나누는 것이 합당한 것이다. 인간의 말재간과 수단의 인기로 교회를 세운다는 것은 철저히 비성경적인 생각이다. 예수님은 소교회주의자셨다. 열두 제자들을 부르시고 소규모 그룹을 형성하셨지만 더 이상의 큰 조직을 만드시지 않으셨다. 예수님께서는 유대민족의 독립을 목표하지 않으셨다. 로마의 압제를 물리치기 위해 정치적인 집단을 조직하지 않으셨을 뿐만 아니라 언급조차 하지 않으셨다. 예수님께서는 오직 한 사람의 심령 변화를 목적하셨고 그 한 사람의 변화가 하나님 나라를 건설하고 세상을 변화시키는 단초며 원동력임을 가르치셨다. 아흔아홉 마리의 양을 우리에 두고 잃어버린 한 마리의 양을 찾아 나서는 것이 예수님의 목회 방법이며 서로 사랑하는 것이 온 세상을 변화시키는 신앙의 첩경임을 몸소 보이셨다.

"너희 생각에는 어떠하냐 만일 어떤 사람이 양 백 마리가 있는데 그 중의 하나가 길을 잃었으면 그 아흔아홉 마리를 산에 두고 가서 길 잃은 양을 찾지 않겠느냐"(마 18:12)

"인자가 온 것은 잃어버린 자를 찾아 구원하려 함이니라"(눅 19:10)

돈과 권력과 쾌락을 추구하지 않고 잃어버린 한 마리의 양을 찾아 살리려는 작은 교회들이 많이 개척되어져야 한다. 큰 집단을 이루는 순간부터 타락은 시작되기 때문에 작은 교회여야 한다는 것이다. 헤게모니를 가지려는 마음이 동하지 않는 숫자, 그런 마음들을 말씀으로 다스릴 수 있는 규모의 작은 교회들이 퍼져나가야 한다. 100명이든 200명이든 말씀으로 통제할 수 있는 숫자여야 한다. 그 교회를 이끌어 나가는 교역자는 가난과 무명을 각오한 사람들이어야 할 것이다. 작은 교회도 건물을 소유할 수는 있겠지만 언제나 재정적으로 힘든 교회일 것이기 때문이다. 나중에 언급하겠지만 이 작은 교회의 헌금의 주목적은 구제이기 때문이다.

작은 교회들의 일관성과 통일성은 인터넷과 메타버스와 같은 기술로 더욱 폭넓고 다양한 교육과 예배와 교제가 이루어질 수 있다. 교회의 타락은 교회 건물에서 많은 사람이 모이면서 시작되었다. 교회 건물은 로마시대에 기독교가 공인되면서부터 건설되기 시작했다. 그 속에 Father라는 신부계급이 나타나고 그 위에 교황이라는 신성시 되는 직책이 나타나서 교회를 다스리게 된다. 현 Roman Catholic교회에서는 교황이 죄를 사하여 주고 그의 어록이 성경 말씀보다 선행되어야 하는 위치로 존재한다. 로마 가톨릭교회는 베드로의 신앙고백 위에 기초한 교회가 아니라 베드로라는 사람 위에 기초한 교회다. 개신교 교회들은 예수 그리스도의 교회는 믿는 자의 신앙고백인 "주는 그리스도시요 살아 계신 하나님의 아들입니다"라는 신앙 위에 기초하는 교회다.

교회는 성도들의 믿음이 중심이 돼야 한다. 믿음 곧 하나님의 말씀이 모든 결정과 지침이 되어야 한다. 건물과 제도와 인간의 권위가 말씀을 제치고 중심이 될 때 교회는 교회의 본질을 떠나서 부패하게 되는 것이다. 교회 건물은 교회의 본질이 아니다. 신앙생활의 중심도 될 수 없다. 하나님께서 특별히 거하시고 역사하시는 장소도 아니다. 교회의 건물을 부정하는 것은 아니다. 수백억 심지어는 수천억을 들여 건축하는 교회를 반대하는 것이다. 모임의 중심이 될 건물이 필요할 수 있다. 그러나 헌금의 본질인 구제를 외면하고 교인들의 삶까지 희생하며 짓는 거대하고 화려한 건물은 성경의 정신에 위배되는 것이다. 하나님께서는 형상이 없으신 분이시다. 인간들에게 하나님의 형상을 주셨으면 믿는 자들은 좀 더 쉽게 신앙생활을 시작할 수 있었을 것이다. 그러나 참 신앙의 본질에의 접근은 어려웠을 것이다. 그 이유는 눈에 보이는 형상을 통해 눈에 보이지 않는 하나님을 알 수는 없기 때문이다. 만들어진 형상은 하나님의 참모습을 왜곡시키는 작용을 하는 것이다. 교회의 건물은 하나님의 형상을 만드는 것과 유사한 신앙행위로 타락할 수 있다. 모든 정성을 들여 건축한 교회 건물에 하나님 임재의 환상을 갖게 만들 수 있기 때문이다. 그리고 무소부재하신 하나님을 제한하는 참담한 신앙이 될 수 있기 때문이다. 참 예수 그리스도의 교회 본질을 왜곡시키는 일이다.

　　우리는 초대교회의 모습을 따라 신앙을 생활화하는 교회를 만들어야 한다. 만나서 사랑의 떡을 떼며 서로의 형편을 헤아려 주며 서로 붙들어 주며 힘이 되어주는 성만찬의 교회가 되어야 한다. 떡을 나눌 때마다 예수 그리스도의 정신과 희생의 삶을 다짐하는 교회가 돼야 하는 것이다. 수천수만 명이 모여서는 불가능하다. 숫자를 줄이고 교회의 수를 늘려야 한다. 이상적인 교인의 숫자는 2백에서 3백 명이다. 넘치면 나눈다. 새로운 교회를 개척하는 것이다. 전 세계에 사랑과 헌신의 공동체, 믿음의 기쁨이 충만한 작은 공동체가 퍼져 나가야 한다.

5. 하나님의 교회는 영적 공동체이다.

하나님의 교회는 물질적 풍성과 팽창을 꾀하는 곳이 아니라 오히려 물질주의에 침몰할 수 있는 신앙을 경계하고 깊은 영성을 추구하는 본질을 가지고 있다. 이 땅에 물질과 탐욕으로 죄의 미혹에 빠져 상처 입고 흘리는 모든 눈물을 닦아주고 그의 영혼을 회복시켜 주는 곳이 교회다. 하나님의 교회는 영적 치유와 회복에 목적을 두고 있다. 병든 영적 삶이 치유되면 이 땅의 물질적 삶도 의미와 가치를 지니는 기쁜 삶으로 바뀌는 것이다.

"한 사람이 두 주인을 섬기지 못할 것이니 혹 이를 미워하고 저를 사랑하거나 혹 이를 중히 여기고 저를 경히 여김이라 너희가 하나님과 재물을 겸하여 섬기지 못하느니라"(마 6:24)

"그런즉 너희는 먼저 그의 나라와 그의 의를 구하라 그리하면 이

모든 것을 너희에게 더하시리라"(마 6:33)

"살리는 것은 영이니 육은 무익하니라"(요 6:63)

　　세상은 돈과 물질을 사랑할 뿐만 아니라 숭배한다. 그 이유는 돈과 물질이 인간에게 기쁨과 행복을 가져다줄 것이라는 근거 없는 환상에 사로잡혀 있기 때문이다. 그러나 교회까지 물질주의에 점령되면 교회는 신앙의 가치관을 잃어버리고 물신을 섬기는 사탄의 도구로 전락하게 되는 것이다. 교회는 언제나 맘모니즘에 대한 경계심을 늦추지 말고 본래의 모습인 길과 진리와 생명이신 예수 그리스도를 증거하는 기관으로 세상에 있어야 한다. 물질이 인생에 기쁨과 행복을 가져다줄 것이라는 사탄의 거짓 환상을 깨뜨리며 하나님이 인생의 주인이시며 그 인생의 근원이 되시는 하나님을 만나야 인생에 의미와 가치가 부여되고, 참 기쁨과 생명이 용솟음쳐 올라온다는 진리를 증거하는 진리의 기관이 되어야 한다. 세상의 거짓된 가치관에 종이 되어 고통하고 신음하는 영혼들을 치유하고 하나님 나라의 백성으로 회복시키는 영적인 기관으로 바로 서 있어야 할 것이다.

6. 하나님의 교회는 영혼 구원의 기관이다.

1) 영혼 구원

하나님의 교회는 사람들에게 부자를 만들어 주는 기관도 아니고 육신의 병을 고쳐주는 기관도 아니며 봉사와 구제를 하는 기관도 아니다. 봉사와 구제의 일들을 하지만 그것들이 교회의 근본적인 목적은 아니다. 다시 한번 강조하지만 교회는 탐욕과 이기심으로 죄에 빠져 하나님의 생명을 잃어버린 절망적인 인간들을 하나님의 은혜와 사랑인 예수 그리스도를 통하여 믿음으로 죄 사함을 얻어 하나님의 생명을 가진 영적인 하나님의 자녀들로 만드는 기관이다. 구원받는 하나님의 자녀들은 하나님의 말씀인 예수 그리스도의 정신을 가치관으로 삼고 각 분야에서 사랑과 평화와 정의를 구현하는 삶을 산다. 이 모든 일들을 통틀어 선교라고 부른다.

2) 선교를 위해 구제와 봉사를 하는 기관이다.

교회는 선교를 위해 학교와 병원과 구제기관을 설립하고 운영한다. 교회는 이 땅에서 하나님 사랑의 나라를 건설하고 그 하나님의 나라를 확장하기 위해 여러 가지 선한 방법으로 최선을 다한다. 성경은 좋은 목적을 위해서는 좋지 않은 방법이 정당화될 수 있다는 논리를 허용하지 않는다. "꿩 잡는 게 매다"라는 논리와 윤리는 반기독교적인 사고이다. 선교의 방법도 세상적인 수단과 도구에 의존하지 않는다. 예수님과 초대 성도들은 결코 세상의 논리에 타협하지 않았다. 세상과 타협하였다면 예수님의 십자가도 사도들과 초대교회 성도들의 순교도 없었을 것이다. 예수님의 근본 가르침은 사랑과 평화다. 선교의 방법은 사랑과 평화이다.

> "나는 너희에게 이르노니 너희 원수를 사랑하며 너희를 박해하는 자를 위하여 기도하라"(마 5:44)

> "사람이 친구를 위하여 자기 목숨을 버리면 이보다 더 큰 사랑이 없나니"(요 15:13)

> "너희는 가서 내가 긍휼을 원하고 제사를 원하지 아니하노라 하신 뜻이 무엇인지 배우라"(마 9:13)

> "그러므로 예물을 제단에 드리려다가 거기서 네 형제에게 원망들을 만한 일이 있는 것이 생각나거든 예물을 제단 앞에 두고 먼저 가서 형제와 화목하고 그 후에 와서 예물을 드리라"(마 5:23, 24)

> "화평하게 하는 자는 복이 있나니 그들이 하나님의 아들이라 일컬음을 받을 것임이요"(마 5:9)

하나님의 교회는 사랑과 평화에 기초한다. 그러므로 교회의 모든 사업은 사랑과 평화이다. 구제와 봉사, 모든 물질적, 정신적 헌신은 사랑과 평화의 표현이다. 교회는 그 평화적 사랑의 봉사와 헌신을 통해 예수 그리스도를 전하려는 선교에 목적을 둔다. 왜냐하면 예수 그리스도가 가슴에 심겨져야 사랑과 평화의 사람이 되기 때문이다.

7. 하나님의 교회는 전체적(Wholistic) 구원을 목적으로 한다.

하나님을 만난 사람들 즉 하나님의 부름을 받은 사람들은 살아계신 하나님에 대한 확신과 믿음으로 그의 말씀에 순종하고, 그 순종 속에서 기쁨과 행복을 느끼는 삶을 살게 된다. 동시에 그들은 이웃 사랑의 거대한 하나님의 뜻과 명령을 사회적 현장에서 실현시키려는 열망을 가지고 헌신하게 된다. 하나님을 만난 사람들은 하나님과 개인적인 친밀한 관계를 가짐과 동시에 자신이 살고 있는 사회를 하나님의 뜻에 맞는 체제와 구조로 만들려는 사명감을 느끼게 되는 것이 정상이다.

하나님을 만난 체험이 대 이웃과 대 사회적인 변화의 몸짓으로 연결되지 못한다면 개인적 신비주의로 전락하게 될 것이다. 하나님은 개인적인 분일 뿐만 아니라 전 인류 구원의 역사를 이끌어 가시는 분이시기 때문이다. 하나님께서 원하시는 것은 원 창조의 회복이다. 하나님께서는 우주와 인간의 창조를 단계별로 마치시고 "보시기에 좋았더라"라고 꼭 하나님의 소감과 뜻을 표현하셨다. 그 속에 하나님의 창조는 선함과 사랑의 창조였음이 내포되어 있다.

　　하나님께서는 모든 사람이 예수 그리스도의 십자가로 죄 씻음을 받고 원 창조의 모습으로 회복되기를 원하신다. 이것이 하나님 구원의 뜻이다. 인간뿐만 아니라 우주 만물이 원 창조의 모습을 회복하기를 바라시는 것이다. 그 뜻을 깨닫고 이루기 위해 사는 사람들이 구원받은 성도들이다. 성도들은 한 영혼의 구원을 위해 힘쓸 뿐만 아니라 이 땅의 환경과 모든 미물에 이르기까지 하나님의 선하고 아름다운 창조의 모습으로 회복시키기 위해 세상의 각 분야에서 사명감을 가지고 일하는 사람들인 것이다.

제2장 중독된 교회

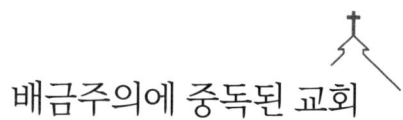

배금주의에 중독된 교회

1. 돈을 섬기는 세상

단연코 오늘의 세상은 돈이 최고의 자리에 올라 인간과 모든 것을 지배하고 있는 세상임은 자타가 공감하는 사실일 것이다. 돈이 많으면 무엇이든지 소유할 수 있고 누릴 수 있다는 생각이 Mammonism 곧 물신숭배사상을 낳았다. 맘몬은 예수님께서 "너희가 하나님과 재물을 겸하여 섬길 수 없느니라" 하신 말씀 속에 있는 재물이라는 단어다. 맘몬은 하나님과 대치되는 개념으로 세상, 세속의 대명사이다. 곧 맘모니즘은 돈을 사랑함에서 더 나아가 돈에 인격을 부여하여 하나님처럼 숭배하는 마음이다. 돈은 무엇이든지 할 수 있고 무엇이든지 가질 수 있고 인생의 행복이 돈에 있다고 믿는 마음이다. 돈이 지상목적이 되어버린 것이다. 인간의 가치와 행복의 척도가 돈이 되어버렸다. 돈이라면 그 누구라도 배신하고 심지어 부모까지 살상하는 돈의 종이 되어버린 세상이다. 공부도 돈을 벌기 위해 하고 직업도 돈의 기준으로 선택하고, 결혼도 돈이 최고의 조건이 되었다. 돈을 많이 벌고 많이 소유한 사람이 성공한 사람으로 부러움과 존경을 받고 행세하는 세상이 되어버렸다.

> "그들의 마침은 멸망이요 그들의 신은 배요 그 영광은 그들의 부끄러움에 있고 땅의 일을 생각하는 자라"(빌 3:19)

물질을 부인하려는 것은 아니다. 인간을 포함하여 온 우주가 물질로 이루어져 있다. 어느 인간이든 물질에서 완전히 자유할 수는 없다. 우주는 물질로 만들어졌다. 인간은 물질을 먹고 생명을 유지하며 물질이 있어야 삶을 이어갈 수 있다. 삶과 물질은 불가분의 관계이다. 인생이 물질 가운데서 태어나고 물질 속에서 살아가고 있는 것은 아무도 부인할 수 없는 사실이다. 동시에 인간은 정신이 있고, 특별히 믿는 자들에게는 영적인 세계가 있다. 그 가운데 그 물질이 전부이고 최고의 가치라는 생각이 물질주의이고, 그 물질을 사랑하고 섬기는 것이 Mommonism 곧 물신주의다. 인간들은 돈을 사랑하고 신성시하게 되므로 돈을 하나님의 위치에 올려놓게 되었다.

맘몬은 인간 탐욕의 총체이다. 이스라엘 백성들이 가나안 땅에 들어가 정착할 때 하나님께서는 가나안 칠족을 완전히 섬멸할 것을 명하셨다. 그들의 금은보화는 물론 어린아이와 가축들까지 완전히 멸절할 것을 명하셨다. 혹자들은 그것이 하나님의 잔인함과 호전성을 보여 준다고 비판한다. 그러나 그 명령은 영적인 차원인 것을 알아야 한다. 하나님 신앙은 가나안 칠족의 신들과 병립할 수 없는 것이다. 가나안 족속들은 풍요와 다산과 번영의 신들을 섬기고 있었다. 그것이 바알이고 아세라이다. 하나님의 명령을 어기고 가나안 족속들을 멸절하지 않았던 이스라엘 민족은 역사 내내, 그리고 지금 이 순간까지 이교의 신들과 영적 전쟁을 치르는 운명이 되어버렸다.

어느 시대에는 왕까지도 바알을 섬기는 타락한 모습을 보여 주고 있다. 이스라엘 백성들이 영적으로 타락할 때는 이방 민족들의 침략과 지배를 받았고 하나님의 사람이 일어나 백성을 구하고 신앙을 재정비하고 평화를 누렸다. 그리고 시간이 흐르면 백성들은 또다시 눈에 보이지 않는 하나님을 배반하고 눈에 보이는 우상들을 섬기게 되고, 그러면 다시 이방의 침략과 약탈로 인해 이스라엘 백성들의 삶이 피폐하게 되는 역사가 반복되었고 급기야는 나라가 멸망하고 이스라엘 백성들이 노예가 되어 타국으로 끌려가는 비극이 일어나게 되는 것이다. 이것이 구약성경 사사기의 주제다.

하나님께로 돌아오라! 하나님만을 의지하라!

이 구약의 기사는 비단 이스라엘 백성의 역사만이 아니다. 그 반복의 역사는 오늘도 일어나고 있는 사건들이다. 이스라엘은 이 땅에 있는 모든 믿는 자들과 교회의 상징이다. 오늘 믿는 자들은 눈에 보이지 않는 하나님을 버리고 눈에 보이는 황금을 섬기고 있다. 오늘의 바알과 아세라를 섬기고 있는 것이다. 교회의 목적도 헌금 곧 돈이며, 성도들의 목적도 돈 많은 부자가 되는 것이다. 교회들이 돈을 섬기는 신앙에 중독되어 있다. 돈이 있어야 교회를 짓고 선교도 하며 구제 봉사도 할 수 있다고 한다. 하나님의 말씀도, 선교도 겉치레이고 신자들에게 보여 주는 위장된 행사일 뿐이다. 오직 교회의 불타는 목적은 돈을 거두는 것이다. 믿는 자들의 목적도 돈, 건강, 장수, 자식들의 출세이다, 믿음의 목적이요, 기도의 제목이다. 전도의 내용도 예수 믿으면 병 낫고, 건강해지며, 내 사업을 도와주셔서 부자가 되고, 자식들이 이 땅에서 부귀영화를 누리게 되고 죽어서 하나님 나라에 가서 영생을 누린다는 것이다. 이것이 바알과 아세라를 섬기는 이교신앙이고 무속 신앙인 것이다. 오늘의 성도들은 성경과 찬송을 들고 교회에 다니면서 자신도 모르게 이교도가 되어가고 적그리스도의 삶을 살게 되는 것이다.

> "그들의 마침은 멸망이요 그들의 신은 배요 그 영광은 그들의 부끄러움에 있고 땅의 일을 생각하는 자라" (빌 3:19)

2. 수량주의

황금만능주의와 더불어 물량과 수량을 절대시하는 풍조에 교회는 중독되어 있다. 국가를 비교하는 것도 일인당 개인 소득에서부터 국가 총생산량에 이르기까지 숫자들이다. 개인도 수량으로 표시된다. 연봉과 재산, 모든 것이 숫자와 수량으로 그 사람의 존재 가치가 결정되어지는 것이 현실이다. 교회도 이 수량주의에 완전히 사로잡혀 있다. 교인이 몇 명이고 교회가 몇 평이고 예산이 얼마인가에 따라 좋은 교회, 훌륭한 교회가 결정되는 것이다. 아무리 영성과 지성을 겸비한 목사라도 담임하는 교회가 작다면 그 목사는 실패한 목사고, 그 교회는 부흥하지 못한 교인으로 인지되는 것이다. 대형 교회의 부정적인 면을 지적하면 그 교회의 교인이 몇만 명인데 잘못된 교회일 수가 있냐는 반응이 되돌아온다. 교회의 본질까지도 수량과 물량의 크기로 판단한다. 심지어 이단의 괴수라도 수만 명, 혹은 수십만 명의 집단을 이루었다면 은근히 능력있는 자로 인정을 받는다. 교인의 숫자와 예산이 커지는 것이 부흥이 되어 버렸다. 이 수량주의가 불신앙이고 사탄이 심어주는 적그리스도의 마음인 것이다.

나는 10년 이상을 주일 설교 본문을 신약과 복음서에서만 선택했다. 구약은 복음서와 신약의 증거로 사용하였다. 그 이유는 예수 그리스도의 가르침을 교육하기 위해서였다. 교인들은 몇 년이 지나자 힘들어하기 시작했다. 원론적인 복음의 내용과 예수 그리스도의 정신을 반대할 수는 없지만 따라갈 수 없는 말씀으로 삶에 힘이 나지 않는다는 주장이었다. 말도 되지 않는 불평이었지만 핵심은 교인의 숫자가 늘지 않는다는 것이었다. 복음의 선포는 세상적 가치관의 도전에 맞닥뜨릴 수밖에 없고 교인 수의 증가에도 도움이 되지 못한다. 물론 좀 더 긴 시간과 더 좋은 가르침은 숫자적 부흥도 동반될 수 있었을 것이다.

그러나 복음 중심의 목회는 매우 힘들고 인고가 요청되는 투쟁이 있음은 분명히 인지해야 할 것이다. 복음과 그리스도의 정신에 대한 가르침은 대부분의 교인이 갈망하고 추구하는 삶의 가치관과 정면으로 대치되기 때문이다. 재물과 수량을 섬기는 많은 교인은 교회도 개인의 삶도 숫자상으로 풍성해지기를 열망하고 있기 때문이다.

하나님과 재물을 겸하여 섬길 수 없다. 네 자신을 부인하고 네 십자가를 지고 나를 따르라. 돈을 사랑함이 일만 악의 뿌리다. 용서하고, 원수라도 사랑하라 등의 말씀은 현대 교인들이 추구하는 삶의 내용과 정면으로 대치되는 내용인 것이다. 자신의 취미와 기호조차도 포기하려 하지 않는 교인이 대부분인데 삶의 근원적 가치관을 바꾸라는 말씀은 수량주의 신앙에 엄청난 장애물인 것이다. 믿음의 축복은 이 땅에서 부와 물질의 풍성한 숫자이기를 바라는 것이다. 그런 교인들과 교회들은 세상에서 어디에 위치하고 어떤 역할을 하고 있을까? 너무나 자명하다. 길가에 버려져 밟히는 나뭇가지인 것이다. 세상의 빛과 소금이 되어야 한다는 예수님의 가르침은 빛이 바랜 지가 오래되었다. 그런 교훈은 고전이고 복음의 이론에 불과한 것이다. 그런 말씀은 실천적 교회생활과 21세기의 경쟁적 삶의 현장에서는 적용될 수 없는 시대착오적인 고전 이론에 불과한 것이다. 오늘 교회가 세상에서 버려져 밟히고 말라 죽어가는 이유가 포기하지 않는 재물의 욕망과 수량주의에 있는 것이다.

오늘 교회와 목사들이 수량주의를 포기하지 않는 한 교회는 결코 빛과 소금의 사명을 감당할 수 없다. 세상은 더 큰 물질과 수량을 가지고 있다. 어떻게 세상을 물량과 숫자로 감동시키고 변화시킬 수 있단 말인가? 세상을 변화시키는 힘은 용서하고 희생하는 사랑의 능력이며 물량, 수량주의를 뛰어넘는 영적 가치관인 것이다. 십자가의 정신이고 복음의 능력이다. 수량주의 중독에서 예수 그리스도의 복음으로 자유하라.

3. 물신주의에 점령된 교회

물신주의는 하나님의 영적 기관인 교회를 점령해 버렸다. 오늘의 교회는 겉으로는 영적 말씀을 가르치고 전한다고 하면서 하나님의 말씀을 살짝 비틀어 조금 다른 메시지를 전하고 가르친다. 조금 다른 말씀은 사실 완전히 다른 곳으로 교인들을 인도하고 완전히 다른 신앙과 가치관을 심어주는 것이다. 그 말씀의 주된 메시지는 하나님의 축복은 영적 구원과 더불어 물질적 축복, 곧 부자가 되는 것이다. 하나님의 영적 축복을 전한다고 하지만 그것은 포장에 불과하다.

충성스러운 믿음은 기적처럼 부어지는 돈과 건강과 자녀의 출세로 보상되어지고 충성스러운 믿음의 모습은 시간과 돈을 바치는 것인데 그중에 더 큰 헌신은 돈을 바치는 것, 곧 헌금을 하는 것이라는 메시지다. 한 마디로 잘 믿으면 이 땅에서 부자되고 건강해서 장수하고 자식들도 출세하고 자자손손 부귀영화를 누린다는 것이다. 단언컨대 오늘 어떤 교회에서 예수를 잘 믿는다는 것은 원수를 사랑하며 이웃들을 위해 나의 시간과 재산을 사용하고 부정한 방법으로 세상의 출세와 영화를 꾀하지 아니하여 불이익과 핍박을 받더라도 올바름을 위해 예수님과 바울처럼 죽는 것까지는 아닐지라도 힘없고 가난하게 살게 될 수도 있는 길임을 가르친다면 70% 이상의 교인들은 점차로 그 교회를 떠나갈 것이다. 더하여서 그 믿음의 보상은 이 땅에서 부귀영화로 주어지는 확률은 거의 희박하다고 가르친다면 남은 30%의 교인 중의 70%는 또 교회를 떠나갈 것이다.

오늘 예수를 믿는다는 사람 중에 10%도 안 되는 사람들만이 정말 예수를 믿는다는 것이 무엇이고, 어떻게 사는 것인가를 알고 그렇게 살려고 고통받으며 애쓰고 있다고 생각한다.

오늘의 교회는 하나님을 섬기는 척하며 물신 곧 바알을 섬기고 있다. 모든 교회가 그렇다는 것은 아니다. (드물지만 바알제단에 대항하여 말씀의 신앙으로 싸우고 있는 소수의 교회와 종들이 있음을 안다. 그들은 바알에 무릎을 꿇지 아니한 남겨진 칠천이다. 성령께서 안보하여 주실 줄 믿고 기도한다) 수많은 목사가 교인들을 하나님이 아닌 바알에게로 인도하고 있다. 의도적인 이단들도 있지만 정통 교회의 목사들도 교인들에게 성경이 말하는 영적 가치관을 심어주는 것이 아니라 세상적 가치관을 가르치고 있다. 하나님의 축복과 물질의 축복이 동일하며 그것이 성경적 신앙인 것처럼 교인들의 눈을 가리고 세뇌시키고 있다. 교인들은 하나님의 영적 축복이 이 땅에서 부를 이루고 건강, 출세, 장수하는 것이라고 믿게 되고 그 축복을 받아 누리는 비결은 교회와 목사가 강조하는 시간과 힘과 돈을 교회에 바치는 길임을 믿고 피땀 흘려 얻은 돈과 시간을 바치게 된다. 교인들을 바알 신앙으로 중독시키고 있는 것이다. 이것은 분명한 이단이다. 정통 교단의 간판을 내건 이단들이다. 물신신앙, 곧 바알신앙만큼 적그리스도적인 신앙은 없다. 혹자는 성경이 말하는 적그리스도가 666으로 어떤 인물로 생각하지만 666은 물질인 세상을 사랑하고 섬기는 물신숭배 사상이다. 666은 이미 우리 속에 와 있는 것이다.

절대로 돈과 하나님을 병행해서 섬길 수 없다.

> "**한 사람이 두 주인을 섬기지 못할 것이니 혹 이를 미워하고 저를 사랑하거나 혹 이를 중히 여기고 저를 경히 여김이라 너희가 하나님과 재물을 겸하여 섬기지 못하느니라**"(마 6:24)

오늘의 교회는 부자와 힘 있는 사람들을 선호한다. 힘없고 가난한 자들은 교회에서 무시당하는 소외계층이다. 발언권도 없고 지도자의 위치에도 설 수 없다. 오직 교회에서는 힘 있고 돈 있는 자들만이 행세한다. 헌금을 많이 해서 교회건축에 공헌한 자라면 거의 교회 주인이며 일반 건물의 건물주 수준이다. 대부분 그들은 장로라는 타이틀을 가지고 있다. 먼저 장로에 대해 언급하면서 목회자 못지않은 순수한 신앙과 신학, 성경적 지식을 가지고 묵묵히 헌신하시는 장로님들에게 죄송한 마음을 표하며 오해가 없으시기를 바란다. 대부분 교인은 장로가 교회의 주인이라는 생각을 가지고 있다. 장로가 유명해지다 보니 원래 평신도의 직급에 장로가 없었던 침례교나 감리교 같은 종파들도 장로제도를 도입했다. 불행한 내용이지만 신앙과 인품이 아니라 돈과 힘의 분량으로 주어지는 직분이며 헌금과 희생의 분량을 책임 지우려는 수단이다. 장로가 되면 그 교회의 일정 분량 이상 헌금을 책임져야 하고, 교회의 사업에도 앞장서야 하는 것이 통념이다. 사업이 기울어 헌금을 제대로 못 하면 교회의 주역에서 퇴출당하거나 스스로 사라져가야 한다. 모든 것이 돈과 힘으로 계산되고 운영되는 것이 오늘의 교회이다. 물론 한국 교회의 역사 속에서 신앙과 인품으로 귀감이 되셨던 장로님들이 계셨다. 오늘도 목사 못지않은 신앙인격과 지도력을 가진 장로님들이 계시다. 그러나 너무 적은 수이기에 안타까운 마음이다. 그런 분들은 장로의 직분이 아니라도 귀감이 되는 그리스도의 지체로 남을 것이다.

    교회가 함몰된 황금만능주의는 하나님의 인류 구원 역사에 대한 사탄의 가장 큰 도전이며 능력이다. 에덴의 불순종은 인간의 욕망에 기인하며, 그 욕망은 인간이 죄성을 극복하고 하나님께로 나아가는 넘어야 할 마지막 관문인 것이다. 예수 그리스도는 그 욕망을 극복하고 순종하시고 십자가를 지심으로 인류 구원의 초석을 마련하신 것이다. 그래서 사도 바울도 에덴의 불순종을 오늘 나의 삶의 현장에서 말씀에 순종치 못하고 세상적 욕망을 따르는 것이라고 해석하신 것이다.

> "뱀이 그 간계로 하와를 미혹한 것 같이 너희 마음이 그리스도를 향하는 진실함과 깨끗함에서 떠나 부패할까 두려워하노라" (고후 11:13)

사탄은 에덴에서 아담과 이브를 하나님께서 금하신 선악과를 가지고 타락시켰다. 그 선악과를 따먹으면 하나님과 같이 될 것이라고 인간 욕망을 부추긴 것이었다. 오늘 인간의 그 욕망 중에 가장 보편화된 돈에 대한 욕망을 사탄은 사용하고 있는 것이다. 돈이면 무엇이든지 내 마음대로 할 수 있고, 될 수 있다는 거짓된 욕망을 심어 믿는 자들까지도 사랑과 평화와 정의의 길에서 떠나게 하는 것이다.

요즘 우리 사회에서는 금융 사기에 빠져 파탄에 이른 사람들이 많다. 사기는 인간의 욕망을 이용하는 비즈니스다. 이단에 빠지는 이유 역시 욕망과 무지이다. 신적인 물질의 축복으로 부자가 되려는 욕망, 이 땅에서 유명한 사람이 되려는 욕심, 나아가 영원히 사는 영생에의 욕망이 멀쩡한 사람들이 이단에 빠져 삶을 파괴하는 이유이다.

성과 속을 잘 설명해 주는 비유가 있다. 성, 즉 거룩함은 대양에 떠 있는 조각배와 같다는 것이다. 멀리서 보면 물과 배는 하나다. 그러나 가까이서 보면 물과 배는 완전히 구분되어 있다. 물이 배에 들어오면 그 배는 가라앉고 만다. 믿음 가운데 세속적 욕망이 들어오면 믿음의 배는 가라앉고 만다. 교회도 마찬가지다. 교회에 세속적 욕망의 논리가 들어오면 교회는 욕망과 세속의 바닷속으로 가라앉고 마는 것이다. 교회는 세상 어느 단체와 다를 바 없는 사람들로 구성되어 있다. 그리스도교를 시장의 종교라 하는 이유다. 그러나 그 속에는 엄연한 거룩함의 구분점이 존재하여야 하는 것이다. 하나님 말씀에 바탕을 둔 가치관과 지향점이 분명해야 하는 것이다.

오늘 교회는 이 구분점을 잃어버리고 세속의 물에 침몰하고 말았다. 믿음의 목적도 돈이고 목회의 목적도 돈과 안락이다. 황금만능은 신앙이 되어졌고 맘몬은 하나님이 되었다. 우리 성도들이 돈에 대한 욕심을 버리고, 주신 것에 감사하며 내게 있는 것을 나누어 구제하며 말씀에 순종하는 사랑의 삶으로 변화되어야 교회는 맘모니즘의 중독에서 살아날 수 있다. 무엇보다 먼저 목회자들이 세상적 욕망을 이기고 빛도 없이 이름도 없이 하나님의 말씀에 순종하는 믿음과 헌신의 삶을 보여 주어야 한다.

하나님은 만물의 주인이시다. 모든 물질과 돈은 하나님의 것이다. 하나님은 교회 곧 성도들이 하나님의 말씀에 순종하는 삶을 살 때 물질과 돈을 포함한 모든 필요에 반응하신다. 물질을 위해 골몰하는 것이 아니라 하나님의 말씀에 순종하기 위해 애쓸 때 하나님께서는 필요한 모든 것을 허락하신다. 이것이 믿음이다. 처절한 가난의 자리일지라도 이 믿음 지킬 때 우리는, 한국 교회는 세상의 신이 된 맘몬을 이기고 다시 한번 이 민족과 이 땅을 끌어나가는 빛을 발하게 될 것이다.

기복 신앙에 중독된 교회

1. 기복신앙

　　기복신앙은 맘모니즘과 밀접한 관계가 있다. 기복은 곧 복을 비는 행위다. 복을 빌고 혹은 기도하는 것은 아주 오래된 역사를 가지고 있다. 특정한 종교를 가지고 있지 않았던 우리 조상님들이 정한수를 놓고 비는 모습을 기억하거나 T.V.에서 보았을 것이다. 건강과 부귀와 장수를 바라고 기원하는 마음은 원초적인 생존본능이라고 할 수 있다. 더구나 종교에서 기복 행위는 가장 기초적이고 본능적인 종교 행위의 모습이다. 고대에서부터 국가와 왕가와 부족과 가정, 개인의 안전과 번영을 위해 비는 신앙 형태와 그 중간자인 무당과 같은 계층은 어느 사회에서도 존재했었다. 그리고 어떤 사람이든지 자신의 안녕과 번영을 원하지 않는 사람은 거의 없을 것이다. 물론 많은 성찰을 통하여 이타적인 인생관을 가지게 되고 이기심을 초극한 삶을 살았던 사람들도 있었다. 그러나 그들은 과거나 현재나 극소수에 불과하다.

우리 민족은 어느 민족에게도 뒤지지 않는 기복적 믿음의 전통을 가진 민족이다. 이 민족이 이룬 교회가 기복적 신앙 형태가 강하게 반영되었으리라는 점은 어쩌면 당연한 것이라고 할 수 있다. 기복신앙은 성경, 특히 구약에서도 찾아볼 수 있는 신앙모습이다. 하나님의 은혜로 가나안 땅에 정착한 이스라엘 백성들이 하나님을 잊어버리고 바알과 아세라에게 제사하고 섬기는 모습은 오늘의 기복신앙, 곧 현세의 풍요와 안정을 기원하는 교인들의 신앙 내용과 거의 다르지 않다고 볼 수 있다. 구약의 역사는 하나님의 신앙으로서 하나님만을 의지하라는 말씀과 끈질기게 틈만 나면 이방신들을 섬기는 이스라엘 백성들과의 줄다리기의 연속이라고 봐도 과언이 아니다. 결국 세상과의 타협을 포기하지 않았던 이스라엘 백성들은 하나님의 심판을 받았다. 그들은 나라를 잃고 전 세계에 흩어져 2,000년의 유랑생활, 디아스포라의 삶을 살 수밖에 없었다. 성경 전체의 메시지는 이기적일 수밖에 없는 인간이 자기중심에서 하나님 중심으로 돌아서면 하나님의 생명을 얻는다. 눈에 보이는 물질과 육신적 안락을 먼저 추구하고 사랑할 것이 아니라 하나님의 말씀을 믿고 먼저 순종하면 하나님의 자녀가 되고 하나님께서 이 땅의 삶과 육신 이후의 삶도 책임지실 것이라는 메시지이다. 예수님의 첫 메시지도 회개하고 천국 백성이 되라는 것이었다.(마 4:17) 회개는 나 중심의 삶에서 하나님 중심의 삶으로 돌이키라는 것이다. 하나님 중심의 삶은 교회 안에서 열심히 예배만 드리는 것이 아니라 이웃을 알고, 돌보고, 사랑하는 "너 중심"의 삶을 실천하는 것이다. 이것이 우리의 고질적인 이기적 기복주의 신앙을 극복하고 하나님의 자녀로 하나님의 영광을 드러내는 길이다.

2. 사랑의 뜻

> "너희는 가서 내가 긍휼을 원하고 제사를 원하지 아니하노라 하신 뜻이 무엇인지 배우라 나는 의인을 부르러 온 것이 아니요 죄인을 부르러 왔노라" (마 9:13)

이 말씀은 인간을 향한 근본적인 하나님의 뜻을 가르쳐 주신다. 구약의 제사는 유대인들이 목숨을 걸고 수행해야 하는 엄중하고 근본적인 신앙행위였다. 예수님은 하나님 섬김의 핵심은 예배 형식이 아니라 이웃을 향해 긍휼한 마음으로 사는 삶임을 선포하셨다. 이 말씀은 예수님의 말씀이 아니다. 예수님께서는 단지 옛적부터 내려오는 성경에 있는 말씀을 인용하신 것이다.

> "나는 인애를 원하고 제사를 원하지 아니하며 번제보다 하나님을 아는 것을 원하노라" (호 6:6)

사랑은 구약과 신약의 바탕에 동일하고 끊임없이 흐르는 거대한 진리의 강물이다. 사랑은 하나님께서 우리에게 계시하여 주신 당신의 정체성이며 우리를 향하신 하나님의 근본적인 뜻이다. 사랑은 가장 큰 능력이요 가장 큰 가치며 최종적 구원의 조건이다. 구원의 조건이라면 믿음이다. 그러나 믿음을 얻고 사랑의 삶을 이루지 못하면 구원과는 상관없는 삶이 된다. 야고보 사도가 말하는 진짜 믿음이다. 행함이 없는 믿음은 죽은 믿음이며, 참믿음을 얻었다면 그 믿음의 결국은 사랑의 삶이 되는 것이다.

> "내가 예언하는 능력이 있어 모든 비밀과 모든 지식을 알고 또 산을 옮길 만한 모든 믿음이 있을지라도 사랑이 없으면 내가 아무 것도 아니요"(고전 13:2)

> "사랑하지 아니하는 자는 하나님을 알지 못하나니 이는 하나님은 사랑이심이라"(요일 4:8)

> "사랑하는 자는 율법을 다 이루었느니라"(롬 13:8)

그 사랑의 구체적 대상이 바로 이웃이다. 우리의 이웃은 내가 매일 만나서 시간을 보내고 관계를 형성하는 남편과 아내와 자녀들, 친구들, 친인척들, 교우들 그리고 직장과 사업의 동료들과 고객들이다. 우리가 가지고 있는 모든 관계 속에서 사랑의 마음과 자세가 기초가 되게 하려는 노력이 기복적이고 이기적인 신앙의 형태를 극복하고 하나님이 원하시는 성도의 삶을 가능하게 하는 원동력이다.

3. 평화의 신앙이 기복신앙을 넘어서게 한다.

"화평하게 하는 자는 복이 있나니 그들이 하나님의 아들이라 일컬음을 받을 것임이요"(마 5:9)

하나님을 섬기는 신앙이 열심히 우리의 복을 빌어 우리의 정성이 상달되어 응답받아 건강 장수, 부귀영화를 누리는 것이라면 얼마나 자연스럽게 우리의 전통신앙에 맞고 얼마나 잘 따를 수 있겠는가? 그러나 예수님의 가르침은 네 자신을 부인하고 날마다 네 자신의 십자가를 지고 예수의 길을 따르는 것이고, 우리의 이웃을 내 몸같이 사랑하고, 원수를 사랑하는 것이다. 내 자신을 부인하는 것은 나의 철학과 가치관과 기호를 예수 그리스도의 신앙 안에 묻는 것이다. 그리고 세상적인 유익과 나 자신의 쾌락을 버리는 것이고 남의 유익을 구하는 길이다. 얼마나 많은 부르심을 받은 역량이 뛰어난 사람들이 자신의 유익과 쾌락을 버리지 못해서 자신의 소명을 세속에 파묻었던가!

"이에 예수께서 제자들에게 이르시되 누구든지 나를 따라오려거든 자기를 부인하고 자기 십자가를 지고 나를 따를 것이니라"(마 16:24)

"누구든지 자기의 유익을 구하지 말고 남의 유익을 구하라"(고전 10:24)

나 중심적인 기복신앙은 이웃을 위해 이타적인 삶을 살 수 없다. 이웃은 나의 유익과 번성에 경쟁과 분쟁의 대상이 될 수밖에 없기 때문이다. 수단 방법을 가리지 않고 나의 유익만을 추구하는 가치관의 소유자는 모든 사람이 경쟁의 상대이기에 평화적 관계를 형성할 수가 없다. 그런 사람이 갖는 신앙은 자기중심적이고 기복적인 신앙형태가 될 수밖에 없는 것이다. 기복신앙은 이중적인 모습을 보인다. 입으로는 사랑과 화평을 말하지만 실제 현실에서 나의 이익에 방해가 되는 사람이 있다면 가차 없이 짓밟고 제거해야 하기 때문이다. 참 평화는 나의 사랑과 희생 없이는 이루어지지 않는다. 국가든 개인이든 법이나 거래나 힘의 균형을 통해 싸움과 전쟁을 지연하고 있는 상태는 참 평화가 아니다. 신앙의 관점으로는 평화라고 말할 수 없는 것이다. 예수 그리스도의 십자가는 죄 없는 예수님의 희생으로 하나님과 인간, 그리고 인간과 인간의 평화의 길을 열어 놓은 역사인 것이다. 인간의 본능적인 기복신앙을 극복하는 길은 사랑과 희생의 십자가 신앙 밖에는 없는 것이다.

4. 참 복

하나님을 경외한다는 것, 곧 하나님을 믿고 섬기는 삶은 한마디로 먼저 하나님의 나라와 의를 위하여 사는 것이다. 그 나머지는 아버지 하나님의 처분대로 맡기고 순종하는 것이다. 충성하였지만 그 결과가 거지가 되든 바울이나 베드로같이 죽임을 당하는 것이든지 '아멘' 하는 삶이다. 성경이 말하는 복은 하나님의 진리를 알고, 그 진리를 따라 살다가 진리이신 하나님께로 가는 것이다.

여기에 기복신앙이 발붙일 곳은 없다. 이웃을 위한 사랑과 희생이 아니라 나의 복락에 중심을 둔 신앙생활은 하나님의 뜻과는 정반대되는 신앙 내용이다. 그런 신앙인들이 자신들도 모르는 사이에 교회의 모습을 일그러뜨리고 사회에 빛과 소금이 아니라 걸림돌이 되고 조롱거리가 되게 만든다. 자신들은 열심히 교회에 출석하고 헌금하고 전도한다고 하지만 전혀 하나님의 뜻이 아닌 불신자들과 다를 바 없는 세상의 길을 가고 있다. 그들은 자신도 모르게 하나님 나라의 건설을 방해하는 적 그리스도의 역할을 담당하고 있다.

> **"화 있을진저 외식하는 서기관들과 바리새인들이여 너희는 교인 한 사람을 얻기 위하여 바다와 육지를 두루 다니다가 생기면 너희보다 배나 더 지옥 자식이 되게 하는도다"** (마 23:15)

거짓 목사들은 자신의 영광을 위해 교인들에게 기복신앙을 열심히 불어넣어 준다. 뜨거운 기복신앙의 교인들이야말로 웅장한 교회건축의 헌신자들이요, 목사를 하나님의 복을 내려주는 거룩한 무당으로 믿고 하나님처럼 받들기 때문이다. 잘못된 목사들의 특징 중 한 가지는 성경을 바로 가르치지 않는다는 것이다. 하나님의 참 뜻과 의도가 무엇인지, 예수 그리스도의 가르침과 정신이 무엇인지, 예수님을 믿는 것이 어떤 삶인지 절대로 가르치지 않는다. 교인들의 눈이 열리면 기복을 강조하는 자신의 교회와 설교에 순종하지 않게 될 것을 두려워해서이다. 출석과 헌금 액수에 문제가 생기고 자신이 챙기고 있는 물질적 유익에 제동이 걸릴 것을 두려워하는 것이다. 물론 목사 자신이 성경 속에서 하나님의 뜻과 말씀의 정신을 바로 깨닫지 못했다면 그런 사람들은 우리의 논의 대상은 되지 못한다. 알면서도 가르치지 않는 목사들의 죄는 측량할 수 없을 정도로 무겁다. 대놓고 하나님의 말씀을 무시하고 자신을 신격화하는 알려진 이단들뿐만 아니라 정통 교단의 간판을 달고 있는 수많은 교회가 강단에서 기복신앙을 강조하고 성경적인 참 복을 선포하지 않거나 못하고 있다. 성경적 참 복은 이생에서 물질적 보상을 약속하고 있지 않기 때문이다. 그리고 성경의 많은 성도의 사례가 이 땅에서 현세적 축복과 보상을 받지 못한 모습이기 때문이다. 사도들에게 주어진 믿음의 결과는 왕관이 아니고 순교였다. 초대 성도들 역시 모진 고문과 죽음을 당했다. 예수님도 사도들도 그리고 초대 교회 성도들도 믿음으로 말미암아 이 땅에서 부귀영화를 누렸던 사람은 없다. 그들은 오직 이 세상이 진짜 세상이 아니고 그림자이며 믿는 자들은 잠깐 다녀가는 나그네들이라고 확신했다. 그들의 소망은 영원한 하나님 나라에 있었다. 그 하나님의 나라를 유업으로 받는 것이 참 믿음의 복이라고 고백하며 세상에 선포하였다.

> "만일 땅에 있는 우리의 장막 집이 무너지면 하나님께서 지으신 집 곧 손으로 지은 것이 아니요 하늘에 있는 영원한 집이 우리에게 있는 줄 아느니라"(고후 5:1)

성경에 나타나 있는, 하나님께서 우리에게 주시려는 구원과 영원한 생명을 뜨겁게 소원하지 않고 이 땅에서 몇십 년의 부귀영화를 더욱 바라고 소원한다면 그 신앙은 잘못된 신앙이며 예수 그리스도의 교회를 파괴하는 적그리스도의 신앙인 것이다. 하나님의 성령께서 임하시면 참되고 영원한 소망을 주시고 그 소망으로 우리의 삶을 성도다운 삶으로 변화시켜 주신다. 그래서 성경은 성령을 진리의 영이라 말하는 것이다.

> "그러나 진리의 성령이 오시면 그가 너희를 모든 진리 가운데로 인도하시리니…"(요 16:13)

진리이신 성령의 인도하심으로 하나님 구원의 진리를 깨닫고 참 복인 하나님 나라를 소망하여 거짓된 기복신앙에서 해방되는 성도들이 되기를 바란다.

신비주의에 중독된 교회

1. 신비주의

　신비는 우리의 상식과 지식으로는 납득할 수 없는 초자연적인 현상이다. 이 세상에는 상식과 지식과 과학으로 설명할 수도, 증명할 수도 없는 신비스러운 일들이 많이 있다. 우주 자체가 한 마디로 신비다. 로켓을 쏘아 올리고 달에 가고 화성에 도시를 계획하는 엄청난 과학의 진보 가운데서도 우주는, 아니 우리 은하계만 할지라도 신비다. 우리가 속한 은하계는 약 사천억 개의 행성과 항성들이 존재하며 지름이 10만 광년으로 측정된다. 우리 인간의 과학이 발달하여 빛과 같은 속도로 나는 우주선을 가진다 해도 인간이 태양계를 벗어날 수 있는 거리는 약 5만 광년이다. 광년은 영원이라고 이해하는 편이 빠를 것이다. 다시 말하면 인간의 존재가 유한할진대 인간에게 태양계는 벗어날 수 없는 신비이고, 그 태양계 같은 무리가 수천억 개가 있는 은하계는 상상하기조차 어려운 신비다. 생명과 인간의 기원이 신비이고 우리가 살고 있는 우주가 신비로

휩싸여 있는 것이다.

성경의 첫 구절이 하나님께서 말씀으로 우주 만물을 창조하셨다는 선포다. 비물질인 말씀으로 물질을 창조하셨다는 것이다. 또 신약성경의 시작은 예수 그리스도의 탄생 선포로 시작된다.

"하나님의 아들 예수 그리스도의 복음의 시작이라"(막 1:1)

하나님의 아들은 남자와 접촉하지 않은 처녀의 몸에서 태어나셨고 그는 진리의 삶을 보이셨고, 그의 죽음은 우리의 죄 사함이 되며, 십자가에 달려 죽으신지 사흘만에 부활하셨고, 그를 믿는 사람들도 그와 같이 부활할 것 등등 신비로운 말씀들로 가득 차 있다. 실제로 신앙은 신비를 빼고서는 존립할 수가 없다. 교회 안에서도 치병이적과 방언과 환상 등 신비로운 현상들이 비일비재하다. 신비주의는 신비함을 인정하고 좋아하고 추구하는 것이다.

2. 신비주의와 우리 신앙의 관계는 무엇인가?

신비를 추구하는 신비주의는 자연 세계에서부터 모든 종교에 이르기까지 다양하게 존재하고 있다. 성경도 신비를 자연스럽게 보여 주며 기록하고 있다. 그리고 그 모든 신비한 사건들은 하나님의 뜻과 의도 안에서 하나님의 능력으로 이루어진 것라고 암시하고 있다. 성경은 하나님의 계획이나 말씀의 정신에 의거하지 않은 어떠한 신비도 가치를 부여하지 않는다. 가치 있고 필요한 신비와 기적은 하나님의 계획과 말씀의 정신에 의거한다. 그 반대로 인간을 현혹하거나 이익을 추구하기 위한 신비나 기적행위는 가증스러운 것으로 하나님의 심판의 대상이 된다.

하나님의 말씀과 그 정신이 빠져버린 신비스러운 현상이나 사건은 하나님의 역사가 아닌 것이다. 우리 신앙인들은 그 차이점을 잘 인지하고 있어야 한다.

아마 70년대 사건으로 기억하는데 며칠간의 산상부흥회를 마치고 하산하던 처녀들이 도중에 시냇물이 불어난 것을 보았다. 일부는 기도원으로 들어가 물이 빠지기를 기다리기로 하였지만 몇몇 은혜 충만했던 처녀들은 성령님이 함께 하시는데 지켜 주실 것을 확신한다며 찬송가를 부르며 건너다가 물살에 휩쓸려 사망했던 사건이다. 피할 수 있는 길이 있음에도 불구하고 믿음이라는 미명하에 급물살에 몸을 맡기는 것은 참믿음이 아니고 하나님을 시험하는 것이다. 또 하나의 예를 들자면 은혜와 믿음이 충만한 신자가 쏜살같이 지나가는 자동차에 "주여 당신의 능력으로 지켜 주실 줄 믿습니다"하고 전능하신 하나님의 능력을 증명하기 위해 몸을 던지면 그 사람은 절대로 멀쩡할 수는 없을 것이다. 그것은 하나님의 능력을 믿는 것이 아니고 하나님의 능력을 시험하는 것이다. 하나님의 능력과 기적은 하나님의 영광과 뜻이 드러나는 경우에 나타나는 것이다. 잘못된 믿음뿐만 아니라 사사로운 이익과 영화를 위해 개개인의 미래를 예언하거나 점을 치고 과거를 알아맞추고 병을 고치는 것 등의 능력을 행하는 것은 교회가 철저히 경계해야 하는 잘못된 신비인 것이다. 하나님의 영광과 뜻과 관계없는 신비나 능력은 하나님께서 가증이 여기시는 것들이고 하나님의 뜻을 방해하는 역사인 것이다.

하나님의 의(righteousness)와 인(love)과 신(faith)의 정신이 빠진, 아니 역행하는 신비와 능력은 신자들을 하나님의 신앙에서 떠나게 하며 세상을 미혹하는 사탄의 도구인 것이다. 반면에 하나님의 뜻과 말씀 안에서 일어나는 신비와 기적들은 하나님의 영광을 드러내는 역사이며 교회와 성도 개인을 믿음의 성숙으로 세우는 바람직한 성령의 일들이다.

> "이는 성도를 온전하게 하여 봉사의 일을 하게 하며 그리스도의 몸을 세우려 하심이라"(엡 4:12)

3. 신비주의: 사탄과 그 종들의 도구

잘못된 목사들은 성령의 은사들을 오용한다. 신자와 불신자를 막론하고 신비를 체험한 사람들은 신앙의 신세계를 경험한다. 확신하지 못했던 하나님의 존재가 믿어지며 세상 것들보다 하나님의 말씀과 교회가 더 소중하게 다가온다. 대학교수나 학식 있는 유명한 인사들이 유치한 논리를 가진 이단 신앙 집단에 맹종하는 어처구니없는 모습들을 목도하게 되는데 대개는 기사와 이적을 통한 신비 체험으로 인해서이다.

우리의 지식과 이성은 기사와 이적 앞에 너무 쉽게 무릎을 꿇게 되는 것이다. 신비를 체험한 그들에게 목사는 범접할 수 없는 하나님의 선택된 종으로 예수님 대신 받들고 순종해야 하는 섬김의 대상으로 인식된다. 체험으로 믿음의 확신에 다가선 교인들은 봉사하고 싶고, 바치고 싶고, 그리고 하나님을 위해서라면 무엇이라도 하고 싶은 심정이 충만하게 된다. 사탄의 종들은 그 순수해진 마음을 진리인 하나님의 말씀으로 들어가는 계기로 삼는 것이 아니라 개 교회와 자신에게로 향하게 한다. 더욱 광적인 기도의 환경을 제공하고 방언과 환상과 입신 등 신비한 체험을 신앙의 올바른 통로라 가르치며 더욱 신비주의로 몰아간다. 그 결과 교인들은 성경의 영역을 벗어나는 신비한 사건과 체험까지 깊은 신앙으로 인지하며 점점 더 말씀을 떠난 비성경적 신비의 세계, 곧 사탄의 미혹과 혼란의 세계로 빠져들어 가게 된다. 이성적 사고가 차단되고 삶의 모든 판단과 결정을 환상이나 예언 등 신비주의적 방법으로만 의존하게 된다. 잘못된 목사들은 성령의 은사는 무엇 때문에 주셨으며 하나님의 교회와 역사에 무슨 부분에 해당하며 무슨 역할을 하고 어떻게 사용되어야 하는지 가르치지 않는다. 그리고 성령의 은사와 능력과 사탄의 기사와 이적을 일으키는 능력의 차이점을 명확히 구분하지 않는다. 그들은 기도를 말씀보다 강조한다. 금식기도, 철야기도, 산상기도, 새벽기도 등. 그들은 기도할 때 영적 체험과 환상, 영음 등 기적적인 현상들이 많이 일어난다는 것을 알고 있다. 사실이다. 말씀을 읽고 듣다가 체험하는 사람들도 있지만 대부분의 신비체험들은 기도 속에서 체험된다.

  기도를 통해 체험하는 신비로운 현상들이 잘못되었다는 것은 아니다. 문제는 그 체험을 올바로 말씀으로 가르치고 인도하지 않고 자신을 위해 오도하는 목사들에게 있는 것이다. 기도는 신앙생활의 기본이며 그리스도인 삶의 모습이다. 더불어 기도는 말씀의 바탕 위에 행해져야 한다. 기도는 말씀의 지식과 정신 위에서 할 때만이 하나님께서 들으시는 기도가 된다. 말씀의 지식과 정신을 떠난 기도는 민속적 기도나 무당의 기도와 다를 바 없는 것이다. 무당의 기도에도 신비 체험이 있고 기적적인 현상이 일어난다. 아니 더 극적이고 놀라운 신비적인 체험일 수 있다. 오히려 하나님의 말씀 속에서 하는 기도의 체험이 덜 놀랍고 덜 극적인 경우가 많다. 그 이유는 하나님의 말씀은 진리이기에 인간의 도리와 상식과 동일한 부분이 많기 때문이다.

  성령의 은사는 하나님의 뜻과 역사를 이루어 가는 도구이다. 성도들의 성숙한 믿음을 위한 것들이며 교회의 사명 감당을 위해 주어지는 것이다. 그 결과 교회를 통한 하나님의 뜻이 이루어지고 하나님의 영광이 나타나는 것이다. 그 구체적인 성령의 체험과 능력을 목사 자신과 개교회의 헌금과 교인 숫자와 교회건축을 위한 수단으로 전락시키는 것이 수많은 교회들의 불신앙적 현주소이다.

그리고 사탄의 종들은 그 뒤에서 자신을 위해 돈을 쌓아 놓으며 사치와 쾌락을 즐기며 그 정체를 감추기 위해 위장을 더해 간다. 이것이 잘못된 교회가 가르치는 신앙중독이다. 잘못된 신비주의 신앙의 폐해는 신자들을 이 세상과 사회에서 격리시킨다. 이 세상의 빛과 소금이 되어 이웃들을 하나님의 생명으로 인도해야 할 신자들이 세상의 신음과 눈물에 무디어져 가고 무관심해지며, 심지어는 적대시하는 단계에 이르게 된다. 결국에는 이 세상에 존재하면서 이 세상과 이웃과는 단절된 게토화된 교회의 울타리 안에서만 안주하는 반사회적 세력이 되어간다. 그런 교회는 이웃과 세상에 부정적 모습을 심어주며 우리의 지상 사명인 전도와 선교의 문을 막아서게 된다. 온 세상이 교회의 잘못된 모습을 알고 있는데 전도지나 나누어 주며 예수 믿으라 하면 전도가 될 것인가? 교회가 바른 성령의 능력을 받고 이 땅의 소외되고 억압받는 작은 자들을 위해 구제하고 사랑을 나누면 세상 사람들은 전도지를 받지 않아도 교회로 나아오게 되는 것이다.

이단은 무지와 신비를 먹고 독버섯처럼 번져나간다. 어느 교회 고발 기사에 정통 교단의 간판을 달고 있는 교회의 대부분이 이단이라는 기사를 보았다. 공감이 가는 내용이었다. 교인들을 하나님의 말씀을 바로 가르치지 않고 신비한 체험주의 신앙으로 이끌어 가서 성경적 교회와는 동떨어진 비진리적 집단을 만들어 놓은 교회들이 바로 이단이라는 지적이다. 이제라도 한국 교회는 교인들에게 하나님의 말씀을 바로 가르쳐야 한다. 물질과 출세와 명예가 아닌 진리와 생명의 말씀을 가르쳐야 한다. 하나님의 말씀 속에 있는 기적과 신비한 기록들은 그의 말씀대로 순종하면 초자연적 기적도 일어나지만, 진짜 하나님께서 원하시는 바는 신비로운 삶이 아니라, 모든 사람이 죄를 벗어 버리고 우리의 영원한 생명이신 하나님의 자녀가 되는 것이다. 우리는 잘못된 신비주의 신앙의 중독에서 벗어나 성령의 은사들을 통하여 우리의 이웃과 사회 속에서 하나님께서 원하시는 사랑의 열매를 풍성히 맺어 점진적으로 세상을 변화시켜 나가야 하는 사명을 감당해야 한다.

개교회주의에 중독된 교회

1. 개인주의

부정적 의미로 개인주의는 나 중심적이며 '너'를 배려하거나 사랑의 대상으로 생각하지 않는 가치관이다.

한국 교회는 철저한 개교회중심의 개인주의 신앙에 매몰되어 있다. 다른 교회는 경쟁의 대상일 뿐 아무런 연대성도 없다. 교단에 속하였지만 편리성에 의한 것일 뿐 수틀리면 교단 탈퇴도 식은 죽 먹기로 한다. 교단은 교단의 이기주의에 빠져 다른 교단들과 경쟁하며 내 교단만이 정통이고 다른 교단들은 이단 비슷하지만 세상의 이목 때문에 연합하는 척하고 실제로는 무관심하고 내 교단의 성장만이 관심사이다. 개교회주의, 개교단주의는 개인 신앙에서 비롯되는 것이다. 내 구원, 내 가족, 내 교회, 나 중심의 기도는 뜨거운 마음으로 눈물을 흘리며 기도하지만 내 사회, 내 나라와 민족, 나아가 이웃나라, 전 인류 등 나아갈수록 뜨거운 마음은 사라지고 형식적인 기도로 끝나 버린다.

한국 교회는 하나님의 교회를 가르치지 않는다. 교인들은 하나님의 교회를 모른다. 내가 건축 헌금해서 지은 이 건물이 하나님의 교회인 줄 안다. 그러니 다른 교회와의 동질성은 실감이 나지 않는다. 참 하나님의 교회를 모르는 신앙생활이 가능한가? 하나님의 교회가 무엇인지도 모르고 하나님의 교회 일꾼이 될 수 있는가?

사탄의 종들은 교인들을 내 교회만 알고 충성하는 사람들로 중독시키는 것이 목적이다. 그들의 목적은 구원과 하나님의 나라가 아니기 때문이다. 그들의 목적은 이 땅에서 부귀영화를 누리는 것이다. 유명한 이단들을 보라. 그들은 자신들의 교회를 떠나는 신자들을 암살하기까지 한다. 교주의 돈과 힘과 쾌락을 위해 모든 신자의 희생을 교묘히 강요한다.

2. 이웃과 사회를 모르는 교회

내 교회밖에 모르는 신앙은 이웃도 모른다. 이웃은 사랑의 대상이 아니라 전도의 대상일 뿐이다. 전도는 내 교회의 교인을 만드는 것이다. 이웃 교회의 교인이라도 방법이 있다면 탈출시켜서 내 교회 교인으로 만들어야 한다. 내 교회 교인이 다른 교회로 옮겨 가면 그는 배신자이며 미움과 저주의 대상이 된다.

이웃을 모르는 교회가 하나님이 원하시는 선교적 사명을 감당하는 교회가 될 수 있겠는가? 한국 교회 중 선교에 진정인 교회는 많지 않다. 모든 교회가 선교적 사명을 강조하고 선교 프로그램도 진행하지만 대부분 형식적 겉치레에 끝나는 경우가 많다. 한국 교회 선교비 지출의 평균 통계가 총헌금의 3퍼센트 미만이라 한다. 헌금의 원래 목적이 구제에 있었는데 본말이 전도된 모습이 분명하다. 많은 교회가 목사들의 봉급과 부대비용과 활동비에 수십 퍼센트를 지출한다. 큰 교회 목사의 대우는 상상 이상이다. 봉급만해도 대기업 임원의 수준을 뛰어넘으며 그 외에 여러 가지 항목으로 봉급의 몇 배 금액을 가져간다. 가난으로 목숨을 끊으며 어린아이들이 영양실조에 걸려 죽어가는 이 땅에서 하나님의 종을 표방하는 자들이 오직 자신의 호의호식을 위해 교회와 교인들을 이용하는 실상을 이 사회와 이웃들은 언제까지 용납해 줄 것인가?

한국 사회는 교회에 등을 돌린 지 오래되었다. 우리의 이웃은 교회에 아무런 기대도 하지 않는다. 아집과 미신적 신앙으로 무장한 저들로 인해 피해나 입지 않기를 바라고 있을 뿐이다. 그리고 이 사회는 점차로 이웃을 모르는 교회를 향하여 적개심을 보이고 있다. 언젠가 교회는 이 땅의 폐해조직이란 낙인이 찍혀 테러의 대상이 되지 말란 법이 있는가?

이 무서운 현상은 이기적인 개인주의 신앙에 기인하고 있다. 그리고 이기적 개인주의 신앙은 금전과 명예 다툼과 육신의 정욕 문제를 야기한다. 그리고 그런 모습을 손가락질하는 이웃과 세상에 대해 교회는 나만의 세상을 구축하는, 게토화(Ghetto) 되어가고 있다.

개인주의 신앙은 비사회적인 삶을 양산한다. 하나님을 믿는다고 하는 신자들이 사회에서 세속적인 가치관을 가지고 하나님을 모르는 사람들과 똑같이 나만의 유익과 쾌락을 추구하며 남을 짓밟고 음모하는 삶을 살게 된다. 그들은 이중적인 삶을 살게 된다. 교회에서는 집사와 장로라며 거룩하고 경건한 모습으로 하나님의 사랑과 의로움을 듣고 기도하며 헌금도 한다. 그리고 세상에 나가서는 경쟁적이고 이기적으로 자신의 유익을 위하여 남을 이용하고 잔인하게 짓밟는 세상의 전사로 살게 된다. 그 이중적 삶은 결과적으로 성도로서의 정체성을 잃어버릴 뿐 아니라 이 땅을 경쟁과 이기심으로 서로 물고 죽이는 사탄의 나라로 만들게 되는 것이다.

3. 무지에 중독된 교회

믿는 자들이 하나님께 부여받은 사명은 이 땅을 하나님의 나라로 만드는 것이다. 완전한 하나님의 나라를 이 땅에 구현할 수는 없지만 그 하나님 나라의 속성과 가치관이 주도하고 통용되는 나라를 만드는 것이다. 구원받은 자들은 그 일을 위해 고뇌하고 애통하고 희생할 때, 그 과정에서 우리는 이타적인 사랑의 존재가 되어 구원의 자리까지 이르게 되는 것이고 그가 처해 있는 사회적 현장은 하나님 나라 같은 성격의 공동체로 수렴해 가는 것이다. 물론 이 땅에는 마지막 날까지 악마적 속성과 영역이 남아있을 것이다. 그

것이 성도들에게 할 일을 제공하고, 성도들을 연단하고 그리스도의 제자들로 성숙케 할 것이다.

성도들은 이 땅에 하나님의 나라를 확장시켜 나가는 사명을 감당키 위해서는 먼저 하나님의 나라에 대한 확실한 지식이 있어야 할 것이다. 하나님의 나라는 어디에 있고, 어떤 것인지 확실히 알아야 한다. 하나님 나라의 추상적인 개념과 신앙은 성도들을 이중인격자로 만들 뿐만 아니라 확신 없고 능력 없는 신자들로 만들 것이다.

성경공부를 열심히 하는 교인들도 있지만 그들 대부분은 개교회가 의도하는 개교회와 개인 신앙을 목적으로 끼어 맞추는 성경공부를 한다. 목사 개인의 입맛에 맞추어 디자인된 성경공부를 한다. 아무리 오래 교회에 다녀도 교회와 신앙의 역사도 모르고, 하나님의 교회에 대해서도 모르고, 그리고 성도들은 불신의 세상에서 어떻게 살아야 하는지 무엇을 위해 살아야 하는지도 확실히 모른다. 인간 사회 속에 있는 교회로서 문화와 세상 역사에 어떤 영향을 받는지, 그리고 문화의 영향을 받는 지상의 교회는 시대적으로 어떤 개혁과 변화를 모색해야 하는지, 그리고 그 역동성 가운데 교회는 이 세상을 어떻게 변화시켜 나가야 하는지에 대해 너무 무관심하고 무지하다. 물론 대부분의 교인들은 목사가 가르치지 않았다고 할 것이다. 그런 목사를 만난 교인들은 불행한 사람들이다. 이제라도 깨어나 목사에게 바른 가르침을 요청해야 한다. 목사가 무지하다면 목사를 공부시켜야 할 것이다. 고쳐지지 않는다면 단호히 바른 교회와 목사를 찾아야 한다. 그리고 교인들 스스로가 공부하고 연구하는 신앙을 습득해야 할 것이다.

일본 기독교인의 인구는 2%가 되지 못한다. 그러나 그중에 세계적인 신학자의 수가 한국보다 많다. 일본 신자들의 특징은 무조건 믿고 기도하는 것이 아니라 먼저 성경공부를 한다고 한다. 당연한 순서이다. 내가 믿는 신앙이 무엇인지 알고 믿어야 한다는 자세이다. 적은 수의 교인들 가운데서 그들은 우찌무라 간조 같은 세계적인 신학자(논란은 있다), 그리고 미우라 아야꼬, 엔도 슈사쿠 같은 기독교 문학가들을 배출해 냈다. 그것은 공부하는 그들의 습성 때문이 아닌가라는 생각이 든다.

공부시키지 않은 책임은 일차적으로 목사들에게 있다. 깊고 넓은 지식과 영성의 신자들을 길러내지 못한 책임을 목사들이 어떻게 피할 수 있겠는가? 이차적인 책임은 평신도 자신들에게 있음을 부인키 어렵다. 세상에는 기독교 서적들이 널려있다. 아무도 그런 책들을 읽고 공부하는 것을 막는 사람은 없다. 혹 신학이나 세상 지식의 책들은 사탄의 것들이라고 금하는 목사가 있다면 그가 누구든 즉각적으로 관계를 끊고 참 성도들을 양육하는 목사를 찾아 나설 것을 진심으로 권한다. 이성적이고 학구적인 것은 배격하고 무조건 믿습니다만을 강요하는 것은 목사의 무지에도 기인하겠지만, 신자들을 편협하고 미신적인 신앙으로 중독시켜 자신의 욕구를 채우려는 음험한 이단과 다름없는 행태이다. 뜨거운 신앙을 강조하지만 진짜 뜨겁고 강한 신앙은 열렬히 찬양하거나 기도하는 겉모습이 아니라, 자신의 이익과 안위를 포기하고 하나님의 말씀대로 결단하는 순간에 증명되는 신앙이다.

먼저 주석을 참조하며 성경을 읽어야 한다. 주석은 성경 구절과 문단을 지난 2천 년의 지식을 바탕으로 해석, 해설해 놓은 것이다. 자기 멋대로의 성경 해석을 교회는 용납하지 않는다. 목사 중에는 주석을 참조하지 않고 자기의 감정과 의도에 따라 성경을 해석하고 설교하는 사람들이 있다. 이단 사설로 빠지지 않는다고 하더라도 신자들을 흔들리지 않는 하나님의 사람으로 키워낼 수 없는 사람이다. 필수적으로 간략한 교회사와 교리사를 읽기 권한다. 신학생용이 아닌 평신도용으로 쉬운 문체와 설명으로 나온 책들도 얼마든지 있다. 이 정도의 기본을 갖추면 스스로 성장하는 발판이 마련된 것으로 본다. 그때부터는 잘못된 형태의 교회와 신앙의 중독에서 벗어날 수 있고, 거짓 교사들을 분별하게 되고 말씀 속에서 하나님이 원하시는 삶을 살게 될 것이다.

4. 고립에 중독된 교회

한국 교회는 홀로 떠 있는 섬과 같은 교회들이다. 뿌리도 없고 연결도 없는 고립된 교회들이다.

일단 교회에 들어와 제대로 된 교인이 되려면 참석해야 할 모임들이 많다. 주일예배, 주일 오후예배, 수요예배, 금요철야예배,

매일 새벽기도회, 구역예배, 남녀선교회예배, 청년예배, 헌신예배 등 예배 참석만도 10여 회이고 행사와 프로그램 등은 교회에 따라 조금씩 다르지만, 일주일 단위로 정기적으로, 혹은 부정기적으로 열린다. 그리하여 예배와 모임과 행사에 다 참여하려면 일주일 내내 교회에서 살아야 한다. 예배와 모임이 나쁘다는 것이 아니다. 목사나 교역자들은 괜찮다. 그것이 생활이니까. 그러나 직장생활과 사업을 하는 교인들은 교회에 너무 많은 시간을 할애하면 사회생활에 문제가 생길 수밖에 없다. 교회의 기능은 교인들을 일주일 내내 교회 안에서 활동케 하여 사회와 세상에 눈 돌릴 틈을 주지 않고 세상일에 관심을 가지지 못하게 하는 것이 아니다. 교회는 가능한 한 최단시간에 교인들을 하나님의 사람들로 훈련하여 세상에 내보내는 곳이다. 교회 건물이 천국이 아니다. 그곳도 세상과 똑같은 공기에 차 있으며 선과 악이 뒤섞여 공존하고 있는 곳이다. 교회는 교인들을 예수 그리스도의 삶을 본받는 영적 가치관으로 훈련시켜 저들이 처해 있는 사회의 각 분야로 파송하는 곳이다. 그리고 교인들은 자신들의 생활 현장에서 영적 가치관을 소유한 지도자로 성장하여 자신에게 주어진 환경을 하나님의 나라로 변화시켜 나가는 사명을 감당케 하는 기관이다.

우리의 이웃과 세상은 사랑도 알고 박애도 안다. 그리고 이타적인 희생도 숭고하게 기린다. 우리의 사회가 예수 그리스도를 욕하는 것은 아니다. 예수 그리스도의 가르침과 정신이 결여된 그리스도인들을 지적하고 정신 차리라고 말하는 것이다. 그들은 교회적인 용어들은 몰라도 미신적인 신앙도 알고 기복적이고 이기적인 신앙도 안다. 그리고 기독교 신앙이 물질과 세속적 수량을 탐하는 것이 아니라는 것도 안다. 거대한 성과 같이 교회를 지어 놓고 그 속에서만 '주여, 주여'를 외치는 교회들을 향하여 예수 그리스도의 사랑과 희생의 정신으로 피폐해 가는 이 사회를 다시 세워 달라고 애절하게 부탁하고 있다. 그러나 많은 교회가 숫자와 물량의 부흥만을 목적으로 삼고 교인들을 사회와 이웃들로부터 단절시키고 하나님과 상관없는 바벨탑을 쌓아가고 있다. 교인들은 이 고립되어 바벨탑을 쌓아가는 교회 생활이 올바른 신앙생활이라고 확신하는 신앙중독에 빠져들어 가고 있다. 교회 밖의 세상은 사탄의 나라며 세상 교회 밖의 사람들은 귀신에 점령당한 지옥 백성이라 생각한다.

교회 안에 더 크고 무서운 귀신들이 들끓고 있음은 꿈에도 모르고….

제3장 중독에서 자유한 교회

하나님 말씀 중심 교회

1. 말씀 위에 세워진 교회

예수 그리스도의 교회는 하나님의 말씀이신 예수 그리스도의 초석 위에, 그리고 그의 안에 있는 믿음의 공동체이다. 모든 교회는 자신들의 교회가 하나님의 말씀을 중심으로 세워졌고, 나아가고 있다고 주장한다. 이단들도 자신들의 교리가 하나님의 말씀에 기초한다고 주장한다. 그러면 하나님의 말씀은 무엇인가? 성경 말씀이다. 성경 66권 31,039절 중 무엇이 하나님의 말씀인가? 구약은 대부분 선지자의 말이고, 신약은 예수 그리스도 제자들의 말이다. 물론 신자들은 선지자나 예수님의 제자들이 하나님께로부터 계시를 받고 영감을 받고 기록한 말씀으로 믿는다. 그것을 증명할 방법은 없다. 그리고 더욱 큰 문제는 신자들은 그 모든 구절을 기억할 수 없다는 것이다. 또 구약과 신약의 말씀이 서로 대치되는 개념의 말씀도 있고 시대의 흐름에 따라 적용할 수 없는 말씀도 있다. 예를 들면 구약에서는 적이 되는 다른 부족이나 민족들을 죽이라고 되어 있고, 같은 유대민족 안에서도 하나님의 말씀, 곧 율법을 어기면 죽이라고 되어 있다. 그리고 이는 이로, 눈은 눈으로 갚으라는 복수의 윤리를 가지고 있다. 그러나 신약에서는 이웃을 네 몸과 같이 사랑하고, 원수를 용서하고 사랑하라고 되어 있다. 그런데 많은 목사는 무조건 믿어야 한다는 믿음을 강조하고, 순종하라고 강권한다. 결과적으로 많은 신자는 모든 것이 하나님의 말씀이기에 불합리하고 비상식적인 부분이 있더라도 믿어야 한다고 생각하고 좀 떨떠름한 기분을 마음 한구석에 가지고 신앙생활을 한다. 그리고 자신도 모르는 사이에 성경은 이렇게도 해석하고 저렇게도 적용하는 약간 비논리적이고 일관성이 부족한, 알 수 없는 책이라는 불신이 싹트기 시작한다.

물론 과학과 이성으로 설명할 수 없는 믿음의 영역들이 분명히 있음도 사실이다. 인간이 몇만 년을 산다고 하더라도 증명할 수 없는 창조와 같은 말씀이 있다. 그리고 예수 그리스도가 하나님의 아들이며 그의 죽음이 우리의 죄를 대속하신 것, 그가 죽음에서 다시 살아나셨고, 믿는 자들도 그를 따라 부활할 것이라는 말씀 등은 믿음의 영역인 것이다. 그렇다고 내가 믿겠다고 해서 믿어지는 말씀은 아니다. 그래서 그런 말씀이 믿어지는 것을 하나님의 은혜요, 성령의 역사라고 말하는 것이다.

그러나 신구약의 다른 말씀이나 시대적으로 달라지는 말씀 등은 우리의 이성으로 해결해야 할 문제인 것이다. 고치자는 것이 아니라 바로 이해하자는 것이다. 한 시대와 한 민족에게 주어진 법과 규범은 시대에 따라 달라지는 것이 당연한 것이다. 3천 년, 4천 년 전에 유대민족에게 주어진 법과 규범들이 오늘날에도 문자 그대로 적용해야 한다는 것은 한마디로 비상식적인 생각이다. 하나님도 시대에 따라서 옷을 바꿔 입으시고 나타나신다는 말이 있다.

그러면 무엇이 하나님의 말씀이고 진실은 무엇인가? 우리는 성경도 시대의 산물인 것을 받아들여야 한다. 성경을 기록한 사람들이 하나님의 영적 계시를 받고 믿음으로 기록했다는 것을 부인하는 것은 아니다. 하나님께서 직접 쓰신 것이 아니고 사람들이 썼기 때문에 시대적으로 다른 환경, 제도, 문화, 지식이 섞여 있음을 전제로 인지해야 한다는 말이다. 글자 한 자, 한 구절이 모두 오류가 없는 하나님의 말씀이라는 주장은 신자들을 성경에서 더욱 멀어지게 하고 성경을 불신의 책으로 만드는 무지의 소치이다.

그러면 성경이 어떻게 하나님의 말씀이 되느냐는 것이다. 신구약 성경에서 시대를 초월하여 변하지 않는 일관된 것이 있다. 그것은 하나님의 진리와 생명과 사랑의 정신이다. 구약에도 신약에도 동일하게 하나님께서 우리에게 주신 것은 진리와 생명의 말씀이었다. 다른 문명과 문화, 그리고 다른 관습과 제도 속에서 다를 수밖에 없는 표현으로 우리에게 주신 것은 말씀의 정신이다. 예수님은 2천 년 전에 유대 땅에 오셔서 몇천 년 전에 가졌던 하나님의 말씀과 율례를 문자 그대로 지키려 했던 유대민족에게 하나님 말씀의 참뜻과 의도가 무엇이며 그 정신이 무엇인지 바로 해석하시며 가르치셔서 죽임을 당하신 것이다.

모세 오경과 예수님의 산상수훈 정신은 다르지 않다. 문자와 구절은 다를지라도 내용의 정신은 다르지 않다. 유대인들은 달을 가리키는 손만 보고 달을 쳐다보지 못한 것이다. 예수님은 정확히 그들의 맹점을 지적하셨다.

"화 있을진저 외식하는 서기관들과 바리새인들이여 너희가 박하와 회향과 근채의 십일조는 드리되 율법의 더 중한 바 정의와 긍휼과 믿음은 버렸도다"(마 23:23)

"너희는 가서 내가 긍휼을 원하고 제사를 원하지 아니하노라 하신 뜻이 무엇인지 배우라"(마 5:7)

오늘의 한국 교회는 구약시대의 유대교 같다. 점점 형식과 의전 중심의 예배를 향하고 성경을 문자 그대로 지키며 본질이 아닌 전통과 관습을 고집한다. 강단에서 목사와 장로들이 여호와 하나님을 찾는다. 예수님과 사도들이 한 번도 부르지 않았던 하나님의 명칭 여호와, 유대교와 여호와의 증인들을 빼고는 미국과 유럽의 교회를 포함한 전 세계 교회가 부르지 않는 여호와 하나님을 부른다. 예수님께서 가르쳐 주신 하나님의 이름 아버지를 제쳐 놓고 여호와를 부른다. 신약성경에 단 한 번도 언급되지 않은 여호와를 부르는 한국 교회 목사와 교인들은 무슨 생각을 가지고 있는 것일까? 유대교에서 나온 사도들과 초대 교회 교인들은 여호와라는 명칭을 몰라서 부르지 않았을까?

　하나님의 이름을 아버지라고 가르쳐 주신 의미를 모르고 무조건 성경에 있으니까 그리고 아버지보다는 거룩한 분위기가 풍기는 여호와를 선호하는 것일까? 아니면 남과 북이 휴전 상태에 있는 특수한 우리나라의 상황에 맞는 전쟁에 능한 군신 여호와를 좋아하는 것인가? 이제는 예수님께서 가르쳐주신 사랑과 은혜의 하나님, 아버지 하나님의 복음으로 돌아가야 한다.

　하나님의 말씀이 중심이 되는 교회라는 의미는 말씀의 정신을 바로 깨닫고 그 정신으로 행하는 교회라는 의미다. 다시 말하면 하나님의 말씀으로 오신 예수 그리스도의 가르침 위에 서 있는 교회다. 곧 복음적인 교회인 것이다. 그 복음은 아버지 하나님으로부터 시작되는 것이다. 예수 그리스도는 창조의 주체이신 하나님의 말씀이다. 하나님께서는 우주 만물을 말씀으로 만드셨다. 곧 그 말씀이 예수 그리스도이시며 창조주 하나님 자신이신 것이다. 그 하나님께서 육신을 가지고 인간의 죄 문제를 해결하기 위하여 이 땅에 오신 것이다. 이 사실을 믿는 사람들은 죄 사함을 받고 하나님의 새로운 피조물로 곧 하나님의 자녀로 회복되어 가는 것이다. 그래서 믿는 자들은 하나님을 아버지라고 부르게 되는 것이다.

　이것이 복음의 근본이다. 다시 강조하지만, 아버지가 복음이고 복음은 아버지 하나님으로부터 시작되는 것이다. 곧 하나님의 말씀이 중심이 되는 교회는 예수 그리스도의 가르침을 가르치는 교회요, 그 말씀의 정신 위에 서서 행하는 교회다.

2. 올바른 권위

1) 교회의 권위

　모든 권위는 하나님의 교회에 있다. 그 이유는 하나님의 교회는 하나님의 말씀, 곧 진리이신 예수 그리스도를 반석으로 한다. 그러므로 하나님의 교회는 진리를 행하고 신적인 권위가 있게 된다. 이 땅에 있는 눈에 보이는 교회는 단지 하나님의 말씀 위에 서서 하나님의 명령을 수행할 때만 그 권위를 위임받는다. 인간의 탐욕과 이기가 이 땅의 교회에 개입되면 그 권위는 상실된다. 그 교회에는 하나님의 말씀이신 예수 그리스도께서 계시지 않기 때문이다.

　하나님께서 인정하지 않으시고 또한 세상 역시도 인정하지 않는다. 지상의 교회가 세상적 가치관에 물들고 물질과 명예에 탐욕스러워지면 세상은 너무도 빨리 존경과 경청을 교회를 향해 닫아 버린다. 교회가 상실된 영적 권위를 내세우면 내세울수록 세상에서 고립되어 자기들만의 이기적 집단으로 전락해 버리고 만다. 모든 이 땅의 교회들은 완전하지 못한 인간의 성정이 교회 구성에 개입되어 있다는 사실을 인정하고 하나님 교회의 진리성과 거룩성을 향하여 자신을 계속적으로 개혁하며 겸허히 세상을 섬기는 자리에 서야 한다. 그때에 세상은 교회의 진리와 거룩성을 보게 되며 교회의 권위를 인정할 것이다.

2) 목사의 권위

특별히 목사는 구약의 제사장이 아니며 하나님과 인간의 중간에 있는 존재가 아니다. 목사는 모든 신자와 동일한 선상에 서 있는 자로 온전치 못한 신자임을 인식하고 선포해야 한다. 한국 교회는 목사의 신분과 지위에 오해가 많은 교회다. 교인들은 목사를 영적 아버지로 생각한다. 유교적인 영향일 것이다. 또 잘못된 인식으로 제사장, 혹은 하나님의 종 개념을 가졌다. 제사장은 이스라엘의 아론 족속이 계승하여 수행하던 계급이다. 유대인들 사이에서는 아론 족속이 있을지 모르지만, 목사는 아론 족속이 아니다. 될 수도 없다. 하나님의 종이라는 개념도 목사에게만 적용되는 것이 아니다.

하나님의 말씀을 믿고 그리스도의 정신으로 사는 모든 신자가 하나님의 종이다. 목사는 현대에 형성된 신학을 공부하고 교회에 관하여 책 몇 권을 더 읽은 사람에 불과하다. 그에게 주어진 임무와 역할은 교인들에게 하나님의 말씀을 가르치고 교인들이 교회를 올바로 운영해 나가도록 지도하고 조언하는 역할이다. 믿는 자들이 예수 그리스도의 가르침대로, 그리고 말씀의 정신대로 사는 길을 가르치는 사람이다.

목사 자신이 그리스도의 정신으로 살지 못하면서 그리스도의 말씀과 정신을 가르친다는 것이 교회의 가장 큰 딜레마이다. 대부분의 목사는 그리스도의 정신대로 온전한 삶을 이루지 못한 사람들이다. 그런 사람들이 하나님의 진리와 그리스도의 정신을 가르침으로 교인들은 그 가르치는 목사들이 그 말씀의 삶을 살고 있는 사람들이라고 착각하는 것이다. 온전히 이루지 못해도 비슷하게나마 사는 사람들이기에 교인 자신들 보다는 대단한 사람들이라는 존경심을 갖게 되는 것이다. 그러나 분명히 알아야 할 것은 그 목사나 지도자들의 삶이 평신도들보다도 더 세속적이고 탐욕스러울 수 있다는 점이다. 그 증거는 교회의 분쟁과 개인적 치부와 교단의 감투싸움 등에서 여실히 드러난다. 그 결과들은 교인들이 목사에게 하나님 교회의 권위를 생각 없이 넘겨주었기 때문이다. 이제 교인들은 참 목자와 거짓 목자를 구분할 수 있는 지식을 쌓아야 한다. 하나님의 말씀에 의거해서, 그리고 세상의 상식에 준하여 목사를 평가하고 신앙을 점검하는 신자들이 되는 것이 우리의 교회를 하나님이 원하시는 교회로 세워가는 것이다. 세상에서 통하는 상식이 교회와 믿음의 공동체에서도 통하는 것, 이게 상식이다. 목사이기에 눈 감아야 하고, 목사이기에 비판해서는 안 되고, 목사이기에 평가해서는 안 된다는 것은 비상식이다. 목사도 점검받아야 하고 시험을 치러야 하는 것이다. 존경을 받아야 할 목사는 교인 수를 많이 증가시킨 목사가 아니라 하나님의 말씀을 올바로 가르치고 물질과 명예에 집착하지 않는 목사다. 참된 헌신과 희생의 삶을 사는 목사가 존경받아야 하며 권위를 가져야 한다. 평신도들은 목사의 청렴과 헌신과 가치관을 주시하고 점검해야 한다. 교인 수와 헌금을 많이 증가시켰다 해서 교회와 교인들의 물질로 무슨 회장이니 감독이니 하고 교회 정치판이나 쫓아다니는 목사들에게 끌려 다녀서는 안 된다. 그런 행태들을 가로막고 교정하고 충실한 목회자로 만드는 것이 평신도들의 사명이다. 많은 성도가 교회들이 청렴하고 청빈한 헌신적인 목사 상을 지향하고 존경한다면 점차 목사들도 변할 것이다. 평신도들이 꿩 잡는 게 매라는 목회관을 지지하고 크게 교회를 성장시킨 목사들에게 권위와 물질을 쥐어준다면 많은 목사가 그런 목회의 길을 추구할 것이다. 심각한 문제는 교회의 물적, 수적 성장이 정말 성령의 역사인가라는 점이다. 대부분의 대형교회들은 목사들이 귀족화되었고, 독재자들이다. 평신도들은 성경적 지식이 얕고 단순하며 교회에 대한 역사적인 안목이 없다.

한국 교회 성장의 원동력이 독재적 리더십과 신비적이고 열광적인 신앙, 그리고 성장에 초점을 맞춘 성경공부다. 교회의 물적, 수적인 부흥이 목사들을 타락시키고 성도들을 영적 맹인으로 만든다면 그 성장과 부흥은 하나님으로부터인가, 사탄의 책략인가를 심각하게 우리는 물어야 한다. 예수 그리스도의 권위는 어디에서 오는가?

"무리가 듣고 그의 가르치심에 놀라더라" (마 22:33)

"그 사람들이 놀랍게 여겨 이르되 이이가 어떠한 사람이기에 바람과 바다도 순종하는가 하더라" (마 8:27)

진리와 믿음의 능력에서다. 예수님이 세상 권세를 탐하고 물질과 안락을 추구하셨다면 오늘의 교회가 존재했겠는가? 예수님은 믿음의 길이 권세와 부귀에 있지 않음을 제자들에게 깨우쳐 주시기 위해 얼마나 답답해하셨는가? 십자가 죽음과 부활을 들은 베드로가 얼마나 분노했는가? 예수님을 꾸짖었다(He rebuked).

> "베드로가 예수를 붙들고 항변하여 이르되 주여 그리 마옵소서 이 일이 결코 주께 미치지 아니하리이다"(마 16:22)

하나님 나라를 이해하지 못하고 세상의 벼슬을 부탁하는 요한과 야고보 형제를 보시며 얼마나 안타까워하셨는가?

> "주의 영광중에서 우리를 하나는 주의 우편에, 하나는 좌편에 앉게 하여 주옵소서"(막 10:37)

> "예수께서 이르시되 너희는 너희가 구하는 것을 알지 못하는도다 내가 마시는 잔을 너희가 마실 수 있으며 내가 받는 세례를 너희가 받을 수 있느냐"(막 10:38)

예수님의 권위는 이 세상 그 무엇도 탐하지 아니하시고 오직 하나님 말씀의 길을 가셨다는 데 있다. 그 의심 없는 믿음의 삶이 능력을 나타내고 그의 가르침에 신적인 권위가 부여된 것이다. 오늘도 예수님과 같은 삶을 사는 사람에게 예수님께서 보여 주신 권능과 권위가 부여될 것이다.

> "내가 진실로 진실로 너희에게 이르노니 나를 믿는 자는 내가 하는 일을 그도 할 것이요 또한 그보다 큰 일도 하리니 이는 내가 아버지께로 감이라"(요 14:12)

오늘 예수 그리스도의 정신과 말씀으로 행하는 성도들, 곧 교회에 예수 그리스도께서 부여하신 능력과 신적인 권위가 나타날 것이다.

예수 그리스도의 정신으로 행하는 교회

정신(Spirit)이란 우리 삶의 모든 국면과 사건에 적용되는 가치관이고 마음의 법이다. 한때 충무공 정신을 강조했었다. 그 충무공 정신은 무엇인가? 나라와 백성을 향한 충정구국의 마음일 것이다. 정신을 말할 때는 장황한 설명이 필요 없다. 한 단어, 혹은 한 문장으로 어필하는 것이다. 선비정신은 입신양명이 아니라 학문으로 수신하고 배움에 일치하는 삶을 사는 자세다. 예수 그리스도의 정신은 무엇인가? 한 마디로 사랑과 평화와 의로움, 그리고 자유함이다. 그의 삶과 죽음과 가르침을 압축하면 남는 단어가 사랑, 평화, 의로움, 자유함이다.

1. 예수 그리스도의 정신은 사랑이다.

하나님은 성경을 통하여 자신의 속성을 사랑이라고 계시하고 계신다. 하나님을 한 단어로 정의하고 묘사하는 것을 상상할 수 있는가? 그러나 요한 사도는 당당하게, 그리고 놀랍게도 하나님을 사랑이라고 선포한다.

> "하나님이 우리를 사랑하시는 사랑을 우리가 알고 믿었노니 하나님은 사랑이시라 사랑 안에 거하는 자는 하나님 안에 거하고 하나님도 그의 안에 거하시느니라" (요일 4:16)

인간에 대한 하나님의 사랑은 창조에서부터 시작되고 나타난다. 하나님께서는 우주와 지구의 동식물을 창조하시고 마지막에 인간을 당신의 모양대로(the image of God) 만드시고 만물을 다스리는 권한을 부여하셨다. 하나님께서는 인간을 동물의 한 종류로 만드신 것이 아니라 하나님 당신과 같은 존재로 창조하셨다는 것이다. 동등한 상대만이 사랑의 대상이 될 수 있는 것이다. 하나님께서 인간을 창조하신 이유는 사랑의 상대이며, 그 창조의 근원 역시 사랑인 것이다. 그래서 요한은 사랑을 모르면 하나님을 모르는 것이라고 했다. 중요한 것은 사랑은 추상적인 단어가 아니라 행위적 단어이다. 곧 사랑을 안다는 것은 사랑을 한다는 것이다. 사랑의 삶을 이루어야 비로소 하나님을 알게 되고 하나님 안에 거하게 된다는 것이다.

그리스도교 신앙의 키워드는 사랑이다. 사랑을 함으로 사랑을 알고, 그 사랑의 삶을 이루어 내야만 하나님과 함께 거하게 되고 모든 율법을 완성하게 되는 것이다.

모세 오경은 하나님의 율법이다. 모세 오경을 중심으로 구약 시대를 이룬다. 신약 시대, 아니 오늘날에 들어서도 율법은 폐지된 것이 아니라 유효하다. 문제는 하나님의 율법을 온전히 지켜낼 수 있는 인간은 없다는 사실이다. 그러나 단 한 사람만이 하나님의 모든 법을 만족시키는데, 그 사람이 바로 사랑의 삶을 이룬 사람이다.

"피차 사랑의 빚 외에는 아무에게든지 아무 빚도 지지 말라 남을 사랑하는 자는 율법을 다 이루었느니라" (롬 13:8)

"사랑은 이웃에게 악을 행하지 아니하나니 그러므로 사랑은 율법의 완성이니라" (롬 13:10)

예수님의 삶과 가르침 역시 사랑에 바탕을 두고 있으며 사랑으로 행하셨고 사랑으로 마무리 지었다. 지극히 작은 자 하나에게 한 것, 고아와 과부를 돌보는 것, 아내를 버리지 않는 것, 원수까지도 사랑하신 가르침의 근원과 정점은 사랑에 있다. 그리스도의 오심도 하나님의 사랑이고, 예수님의 죽음도 사랑임을 우리는 너무도 잘 알고 있다. 그리스도교 신앙의 승리는 숫자와 물량에 있지 않고 사랑에 있는 것이다. 모든 율법은 사랑으로 완성되고 성도는 사랑으로 온전케 된다. 형제(이웃)를 사랑하는 자는 하나님을 알고, 목사이건 유명한 신앙인이건 하나님을 사랑하지 않는 자는 하나님을 모르는 자이다. 이 세상의 가장 큰 이단은 사랑이 없는 것이다. 예수님은 모든 율법의 정신을 하나님 사랑과 이웃 사랑으로 압축하셨다. 특별히 마태는 둘째 계명인 이웃 사랑이 첫째 계명과 동일한 것이라고 가르친다.

> "예수께서 이르시되 네 마음을 다하고 목숨을 다하고 뜻을 다하여 주 너의 하나님을 사랑하라 하셨으니 이것이 크고 첫째 되는 계명이요 둘째도 그와 같으니 네 이웃을 네 자신 같이 사랑하라 하셨으니 이 두 계명이 온 율법과 선지자의 강령이니라" (마 22:37~40)

2. 예수 그리스도의 정신은 평화다.

누가는 예수 그리스도가 평화로 이 땅에 오셨다고 선포한다.

> "지극히 높은 곳에서는 하나님께 영광이요 땅에서는 하나님이 기뻐하신 사람들 중에 평화로다 하니라" (눅 2:14)

선악과 사건은 인간의 욕망으로 인하여 하나님과 관계가 단절되고 죄와 사망의 존재가 되어버린 인간을 설명하고 있다. 예수 그리스도의 오심은 인간의 죄의 문제를 해결하고 단절되었던 하나님과의 관계를 회복시키는 평화의 사건이었다. 그 평화는 죄인 되었던 인간과 하나님과의 평화이고 동시에 인간과 인간 사이의 평화이다. 예수 그리스도를 영접하는 사람은 죄 씻김을 받고 하나님과 원수 되었던 관계에서 하나님의 자녀가 되는 신분의 변화가 이뤄진다. 원수에서 자녀가 되는 놀라운 평화가 이뤄진다. 그리고 하나님과 평화가 이루어진 하나님의 자녀 된 성도들은 예수 그리스도 평화의 정신을 따라 이웃과 평화를 만드는 Peacemaker가 되어 이 땅을 하나님께서 원하시는 평화의 나라로 만들어 간다는 의미다.

하나님께서는 이 땅의 평화, 곧 인간과 인간 사이의 평화를 이루어 화목된 삶을 이루는 것이 하나님께 드리는 예배보다 먼저이며 더 중요한 신앙 행위라고 말씀하신다.

> "그러므로 예물을 제단에 드리려다가 거기서 네 형제에게 원망들을 만한 일이 있는 것이 생각나거든 예물을 제단 앞에 두고 먼저 가서 형제와 화목하고 그 후에 와서 예물을 드리라"(마 5:23, 24)

더 나아가서 평화를 이루는 것이 하나님께 드리는 참 예배라고 말씀하신다. 요한복음에는 예수님과 사마리아 여인과의 대화가 나온다. 사마리아 여인은 이방 사람이며 예루살렘 성전에 갈 수 없는 부류이다. 그들은 하나님을 섬겼으나 저들의 산에서 예배를 드렸다. 유대인들은 그 예배를 인정하지 않았다. 하나님께서는 오직 예루살렘 성전에만 계셨고 그곳에서 드리는 제사만을 열납하신다고 믿고 있었기 때문이다. 선지자를 만난 사마리아 여인은 우리의 예배는 하나님께서 받지 않으시는 것이냐고 묻는 것이다. 예수님은 장소가 아니라 영과 진리의 예배 정신이라고 대답하셨다. 이는 어느 장소에서 예배를 드렸느냐가 중요한 것이 아니라 영과 진리(Spirit and Truth)로 드리는 우리의 마음 자세와 중심이 문제라는 말씀이다. 영과 진리로 드리는 예배는 시공간을 초월한 하나님의 말씀에 부합하는 행위와 생활을 의미한다. 교회라는 거룩한 분위기로 치장된 장소에서 순서에 따라 찬송하고 기도하고 설교 듣고 끝나는 형식적인 예배가 아니라 우리의 구체적인 삶의 현장에서 이웃과 하나님 말씀의 정신으로 맺어지는 관계의 순간, 순간이 예배하는 것이고, 그 예배야말로 하나님께서 기뻐하시고 받으시는 참 예배라는 것이다.

> "아버지께 참되게 예배하는 자들은 영과 진리로 예배할 때가 오나니 곧 이 때라 아버지께서는 자기에게 이렇게 예배하는 자들을 찾으시느니라"(요 4:23)

예나 지금이나 하나님께서는 영과 진정으로 예배드리는 사람들, 삶의 예배를 드리는 사람들을 찾으신다. 이 예배가 너와 내가 평화의 마음으로 이룩하는 하나님 나라 같은 이 땅을 만들어 가는 사람들의 삶이다.

3. 예수 그리스도의 정신은 의로움이다.

예수님의 사랑과 자유의 정신은 의로움(rightousness)을 동반한다. 의로움은 세상에서 사용하는 정의(justice)의 개념을 포함하지만 동일한 것은 아니다. 의로움은 하나님의 올바르심에 기초한다. 하나님은 진리이시며 언제나 선하시며 의로우시다. 모든 진선미의 개념이 하나님께로부터 나온다. 하나님의 진리가 결여된 선과 미는 왜곡된 선과 미이다.

세상의 정의는 플라톤에서부터 언급되어져 왔다한다. 최근에는 정의의 집대성처럼 되어진 하버드의 마이클 샌들 교수의 『정의란 무엇인가?』란 책이 공전의 히트를 쳤다. 그럼에도 불구하고 여전히 정의의 개념은 확실하지가 않다. 몇 단어나 몇 문장으로 간단하게 정의되어지지 않는다는 말이다. 마이클 샌들 교수는 세 가지의 질문을 한다. 공리주의와 선택의 자유 문제 그리고 미덕과 좋은 삶의 기준을 다룬다.

공리주의 예만 들어보면, 공리주의는 우리가 잘아는 '최대 다수의 최대 행복'이라고 말할 수 있다. 그러나 그 공리주의 개념은 하나님의 의와는 전혀 다른 결과를 낳을 수 있다. 누가복음 15장에 잃어버린 한 마리의 양의 비유가 나온다. 목자가 잃어버린 양 한마리를 찾기 위하여 99마리의 양을 놔두고 한 마리를 찾아헤메고 찾으면 그로 인해 우리에 잘 있는 99마리 양들보다 더욱 기뻐한다는 것이다. 인간의 정의는 다수를 위해 소수를 희생할 수 있지만 하나님의 의는 다르다. 물론 하나님은 공의로우신 분이다. 세우신 법을 마음대로 변경하시는 분이 아니시다.

강조되는 하나님의 사랑은 공의가 충족되는 사랑이다. 로구리앙 왕의 예화는 하나님의 공의와 사랑의 관계를 잘 설명한다. "로구리앙나라에 로구리앙 왕이 있었다. 왕은 백성들에게 간음하는 자는 두 눈을 뽑을 것이라는 칙령을 공포했다. 어느 날 하나밖에 없는 왕자가 간음죄에 고발당해 끌려 나왔다. 왕은 왕자의 한쪽 눈을 뽑고, 나머지 한 눈은 자기 눈을 뽑아 대신했다." 왕은 하나밖에 없는 왕자를 사랑함과 동시에 자신의 법, 즉 공의를 지켰다. 하나님 공의의 사랑을 말한다. 하나님의 인간을 향한 사랑과 범죄한 인간의 죗값을 동시에 해결하는 방법으로 하나님의 독생자 예수 그리스도를 이 땅에 보내셔서 인간들의 죗값을 치르게 하신 것이다. 이제 누구든지 예수 그리스도 십자가 피 흘림이 내 죄를 씻는 대속의 죽음임을 믿고 그리스도의 가르침의 정신으로 사는 사람은 죄로 말미암아 잃어버렸던 하나님의 형상을 회복하고 하나님의 자녀가 되는 구원을 주시는 것이다.

하나님은 아무 법도 없이 마음대로 행하시는 분이 아니시다. 하나님은 사랑과 평화의 하나님이심을 공포하신다. 그리고 죄와 악을 간과하지 않는 의로움의 하나님이심을 동시에 가르치신다. 예수께서는 이 하나님의 의로우심을 자신의 삶과 죽음으로 보여주셨다. 달란트의 비유에서 한 달란트를 그대로 주님께 돌린 사람이 변명한다.

> "한 달란트 받았던 자는 와서 이르되 주인이여 당신은 굳은 사람이라 심지 않은 데서 거두고 헤치지 않은 데서 모으는 줄을 내가 알았으므로 두려워하여 나가서 당신의 달란트를 땅에 감추어 두었었나이다 보소서 당신의 것을 가지셨나이다"(마 25:24~25)

주님의 대답이다.

> "그 주인이 대답하여 이르되 악하고 게으른 종아 나는 심지 않은 데서 거두고 헤치지 않은 데서 모으는 줄로 네가 알았느냐 그러면 네가 마땅히 내 돈을 취리하는 자들에게나 맡겼다가 내가 돌아와서 내 원금과 이자를 받게 하였을 것이니라 하고"(마 25:26~27)

물론 이는 성도들의 사명 감당에 대한 말씀이다. 그러나 그 속에 무조건 심판하시는 하나님이 아니고 의로우신 심판의 기준을 가지신 하나님을 설명한다. 하나님의 의(Righteousness)는 죄의 문제에서 시작한다. 세상의 정의(Justice)는 동등과 평등의 개념에서 출발

한다. 나아가 공평한 분배의 개념으로 이해하고 주장하는 사람들도 있다. 그런 면에서 하나님의 의는 세상의 정의와는 시작을 달리한다. 하나님의 의는 예수 그리스도의 삶과 죽음을 통하여 돌이킬 수 없는 우리의 죄를 간과해 주심에 있다.

> **"이 예수를 하나님이 그의 피로써 믿음으로 말미암는 화목제물로 세우셨으니 이는 하나님께서 길이 참으시는 중에 전에 지은 죄를 간과하심으로 자기의 의로우심을 나타내려 하심이니"** (롬 3:25)

죄에 대한 하나님의 법은 단호하다. 죄의 대가는 피, 곧 생명이다.

> **"육체의 생명은 피에 있음이라 내가 이 피를 너희에게 주어 제단에 뿌려 너희의 생명을 위하여 속죄하게 하였나니 생명이 피에 있으므로 피가 죄를 속하느니라"** (레 17:11)

구약의 이스라엘 백성들은 양과 염소를 잡아 피를 제단에 뿌리며 속죄제를 지냈다. 자신의 죄를 짐승에게 전가하여 죽여서 드린 것이다. 예수님께서는 자신의 피를 흘려 모든 인간의 죄를 대신하는 제사를 하나님께 드리심으로 하나님께서는 자신의 법을 지키시고 인류 구원의 길을 열어 주신 것이다. 이제 우리 인생은 그의 십자가 피 흘리심이 나의 죄를 대속하심임을 믿기만 하면 완전한 죄 씻음을 받고 하나님 앞에 설 수 있게 되는 것이다. 예수 그리스도의 삶은 하나님의 의로우심을 증거하는 삶이었으며 우리를 향하여 이제는 죄를 짓지 말고 죄에 지지 않는 의로운 삶을 살라고 말씀하시는 것이다.

4. 예수 그리스도의 정신은 자유함이다.

자유함은 구원을 의미한다. 안목의 정욕, 육신의 정욕, 이생의 자랑은 인생의 타락한 본성이다.

> "이는 세상에 있는 모든 것이 육신의 정욕과 안목의 정욕과 이생의 자랑이니 다 아버지께로부터 온 것이 아니요 세상으로부터 온 것이라" (요일 2:16)

이 인간의 타락한 본성의 굴레에서 해방되어 자유함을 입는 것이 하나님의 구원이다. 영육의 자유함은 오직 예수 그리스도의 정신을 깨닫고 그 정신으로 사는 자들에게 주시는 하나님의 은혜다. 예수 그리스도의 정신은 하나님 말씀에 대한 참 믿음이기 때문이다. 사도 바울은 이스라엘 백성의 실족을 말한다.

> "의의 법을 따라간 이스라엘은 율법에 이르지 못하였으니 어찌 그러하냐 이는 그들이 믿음을 의지하지 않고 행위를 의지함이라 부딪칠 돌에 부딪쳤느니라"(롬 9:31, 32)

이스라엘 백성은 하나님의 율법 속의 뜻과 의미를 묻고 깨달아 하나님의 참 의도를 따르지 않고 쓰인 문자 그대로만을 목숨을 다하여 지키려는 노력으로 구원에 이르지 못하였다는 무서운 비판의 말씀이다. 이는 예수님께서 명확하게 지적하신 말씀이다. 손을 씻지 않고 음식을 먹으면 정결법을 범한 죄인이 되는데 예수님께서는 그 전통과 규례의 의미를 정확히 가르쳐 주셨다.

> "입으로 들어가는 것이 사람을 더럽게 하는 것이 아니라 입에서 나오는 그것이 사람을 더럽게 하는 것이니라"(마 15:11)

안식일 정신도 마찬가지다. 안식일이 중요하지만 더욱 중요한 것은 안식일의 정신을 아는 것이다.

> "또 이르시되 안식일이 사람을 위하여 있는 것이요 사람이 안식일을 위하여 있는 것이 아니니 이러므로 인자는 안식일에도 주인이니라"(막 2:27, 28)

안식일 법은 유대인들이 생명처럼 지키는 법이다. 민수기

15장 32절 이하에는 안식일에 나무를 한 자를 여호와가 죽이라고 명령하는 장면이 나온다. 안식일을 범한 자는 죽음으로 다스렸다. 그 엄중하고 무서운 안식일에 대하여 예수님의 해석은 유대인으로서는 천인공노할 청천벽력 같은 선포이다. 안식일이 사람을 위해 있는 날이고, 안식일의 주인이 예수님이시라는 말씀은 예수님 자신이 인간을 사랑하여 안식일을 시작하신 하나님이라는 선포이다.

 예수님은 모든 것, 하나님의 말씀을 포함한 모든 것이 인간 사랑의 정신을 바탕으로 된 것임을 분명히 말씀하신 것이다. 예수 그리스도는 인간 사랑을 위해 오셨고, 인간 사랑을 위해 죽으셨다. 참 인간 사랑은 마귀의 지배에서 해방되는 것이다. 마귀는 인간의 욕심과 탐욕의 본성을 자극하며 미혹하여 죄를 범하게 하고, 우리의 영, 혼, 육을 종 삼는 것이다. 그렇기 때문에 예수님께서는 당신이 이 땅에 오신 목적이 마귀의 일을 멸하는 데 있다고 말씀하신 것이다.

> "죄를 짓는 자는 마귀에게 속하나니 마귀는 처음부터 범죄함이라 하나님의 아들이 나타나신 것은 마귀의 일을 멸하려 하심이라" (요일 3:8)

 하나님께서 예수님을 이 땅에 보내신 이유는 욕망과 이기심으로 죄를 범하여 마귀의 종이 된 인간들을 죄의 문제를 해결하고 마귀의 종노릇 함에서 해방하고 자유함을 주시기 위함이다.

"주는 영이시니 주의 영이 계신 곳에는 자유가 있느니라"(고후 3:17)

"그리스도께서 우리를 자유롭게 하려고 자유를 주셨으니 그러므로 굳건하게 서서 다시는 종의 멍에를 메지 말라"(갈 5:1)

이 자유함이 하나님께서 주시는 우리의 구원이다. 사도 바울은 이 구원을 하나님 영광의 자유함이라 표현한다.

"그 바라는 것은 피조물도 썩어짐의 종 노릇 한 데서 해방되어 하나님의 자녀들의 영광의 자유에 이르는 것이니라"(롬 8:21)

예수 그리스도의 목회를 따르는 교회

우리는 예수 그리스도의 목회를 세 부분으로 나눈다. 가르치심과 복음 전파와 치유하심이다.

"예수께서 모든 도시와 마을에 두루 다니사 그들의 회당에서 가르치시며 천국 복음을 전파하시며 모든 병과 모든 약한 것을 고치시니라"(마 9:35)

예수님께서 이 땅에 오서서 행하신 사역의 모습은 말씀을 가르치시고 천국 복음을 선포하시고 육신의 병과 영적인 병을 고치신 것이다. (여기에서는 가르치심에 대해서만 서술한다)

1. 가르치는 사역

예수님께서는 구약의 말씀을 바로 해석하고 참 하나님의 뜻을 가르치셨다.

1) 참된 구원의 길을 가르치셨다.

"예수께서 이르시되 네 마음을 다하고 목숨을 다하고 뜻을 다하여 주 너의 하나님을 사랑하라 하셨으니 이것이 크고 첫째 되는 계명이요 둘째도 그와 같으니 네 이웃을 네 자신 같이 사랑하라 하셨으니 이 두 계명이 온 율법과 선지자의 강령이니라"(마 22:37~40)

유대인들은 하나님을 목숨을 다하여 사랑하는 것이 안식일법, 정결법, 제사법 등과 같은 구약의 말씀과 전통을 생명처럼 지키는 것으로 생각하였다. 그리하여 안식일을 어기는 자는 사형에 처하기도 하고 유대 회중에서 추방하기도 하였다. 그러나 예수님께서는 안식일의 참뜻은 인간의 삶과 복리를 위한 것이지 안식일을 지키는 그 자체에 있지 않다는 것을 가르쳐 주셨다. 정결법도 제사법도 마찬가지이다. 정결법은 사람의 건강을 위해 있는 법이지 구원의 조건으로 주어진 법이 아님을 말씀하셨다.

"안식일이 사람을 위하여 있는 것이요 사람이 안식일을 위하여 있는 것이 아니니"(막 2:27)

"입으로 들어가는 것이 사람을 더럽게 하는 것이 아니라 입에서 나오는 그것이 사람을 더럽게 하는 것이니라"(마 15:11)

제사법도 제사(예배)하는 정신이 중요함을 가르치셨다.

"이 산에서도 말고 예루살렘에서도 말고 너희가 아버지께 예배할 때가 이르리라 … 하나님은 영이시니 예배하는 자가 영과 진리로 예배할지니라"(요 4:21~24)

2) 사랑의 길

예수님께서는 하나님을 사랑하는 길이 이웃 사랑임을 가르치셨다. 구원의 길을 묻는 율법사에게 선한 사마리아인의 비유를 말씀하시며 불행을 당한 사람에게 사마리아 사람 같은 이웃이 되라고 선포하셨다.

"이를 행하라 그러면 살리라"(눅 10:28)

이웃 사랑의 길을 깨달은 삭개오에게 구원을 선포하셨다.

> "삭개오가 서서 주께 여짜오되 주여 보시옵소서 내 소유의 절반을 가난한 자들에게 주겠사오며 만일 누구의 것을 속여 **빼앗은** 일이 있으면 네 갑절이나 갚겠나이다 예수께서 이르시되 오늘 구원이 이 집에 이르렀으니 이 사람도 아브라함의 자손임이로다" (눅 19:8, 9)

이웃을 향하여 자비와 긍휼을 베푸는 길이 구원의 길임을 구체적으로 가르치셨다.

> "너희는 가서 내가 긍휼을 원하고 제사를 원하지 아니하노라 하신 뜻이 무엇인지 배우라" (마 9:13)

> "화 있을진저 외식하는 서기관들과 바리새인들이여 너희가 박하와 회향과 근채의 십일조는 드리되 율법의 더 중한 바 정의와 긍휼과 믿음은 버렸도다" (마 23:23)

예수님께서는 마태복음 23장 23절 말씀에서 다시 한번 율법의 정신을 가르치셨다. 정의(Rightousness), 긍휼(Mercy 혹은 Love), 믿음(Faith) – 구약과 신약을 직선으로 가로지르는 하나님의 의도, 말씀의 정신, 예수 그리스도의 정신이다. 성경을 읽고 묵상하면서 이 엑기스들을 추출하여 내지 못한다면 말씀을 헛 읽는 것이고, 믿음의 기초를 모르는 신앙인이 되어버린다. 오늘 얼마나 많은 교회의 강단에서 본질을 강조 못 하고 비본질적인 세상적 축복과 믿음의 형식만 강조되고 있는가? 한국의 교회가 어두운 세상을 밝게 비추지 못하고 비난의 대상이 되는 이유일 것이다. 사랑함으로 성공하고 희생함으로 빛이 되고, 나눔으로 따사로워지는 신앙의 길을 왜 가르치지 못하는가? 교인 수가 줄어들까봐, 헌금이 안 나올까봐, 복음의 능력과 승리의 길을 용감하게 선포하지 못하는 불신앙의 목사들은 하루빨리 한국 교회를 위해 강단에서 내려와 돈과 명예를 얻을 수 있는 사업이나 정치의 길로 가기를 바란다. 제발 교회와 교단 안에서 부하게 되고 이름을 날리려는 세속적인 신앙 행태를 포기하고 하나님 앞에 눈물로 십자가의 길을 결단했던 처음 사랑을 회복하기를 진정으로 기도한다.

　하나님의 말씀은 명확하게 구원의 길은 사랑의 삶을 이루는 것임을 가르치고 있다. 우리는 구원은 믿음으로 얻는다고 말한다. 틀림없는 말이다. 그 믿음은 이웃과 세상을 향한 사랑의 삶을 이루게 한다. 사랑과 자비의 삶이 이루어져야 믿음의 열매들과 더불어 우리는 하나님 나라에 문을 열고 들어갈 수 있는 자격이 생기는 것이다. 마음속에 있는 '믿습니다'의 감정으로 구원을 얻는다는 것은 죄의 생활을 단절하지 못하고 자기 합리화의 함정에 불과한 죽은 믿음일 뿐이다. 싸구려 감정에 속지 말고 오늘, 지금, 이 순간에 죄를 끊고 돌아서서 사랑의 삶으로 결단하는 위대한 믿음의 사람들이 되기를 바란다. 이 믿음이 구원 얻는 믿음이고 성경에서 가르치는 믿음이다.

십자가의 사랑과 은혜에 감격하며 흘린 눈물이 마르기도 전에 이웃을 음해하며 경쟁하고 이기려는 세상적 삶의 방식에 뛰어드는 거짓된 구원의 삶에서 헤어 나와야 한다. 회개는 후회하는 감정이나 잘못을 인정하는 마음이 아니다. 그것은 회개의 시작 단계라고 말할 수 있다. 회개는 돌아서는 것이다. 하나님께서 싫어하시는 것들을 끊고 말씀이 분명하게 가르치는 사랑과 화평과 의로운 길로 돌아서는 결단이다. 어떤 불이익이나 어려움이 올지라도 하나님께서 기뻐하시는 삶으로 돌아서는 결단인 것이다. 이스라엘 백성이 400년 동안이나 노예되었던 애굽 땅에서 해방될 수 있었던 것은 인방과 문설주에 바른 어린양의 피의 공로, 즉 하나님의 은혜였다. 그것은 '엑소더스'(엑스 호더스), 즉 다른 길로 나선다는 결단을 의미한다. 희랍어 회개를 일컫는 메타노이아 역시 돌아선다는 의미인 것을 익히 알고 있을 것이다.

　　예수님께서는 하나님께로 가는 길이 율법의 문자 그대로를 고수하는 것이 아니고 우리의 삶의 현장에서 가난하고 불행을 당한 이웃들에게 하나님께서 나에게 베풀어 주신 은혜와 사랑으로 최선을 다하여 나의 삶을 나누는 것임을 가르치셨다. 이것이 사랑의 길, 구원을 이루는 길이다.

3) 가장 큰 능력

　　예수님께서는 선지자의 능력보다, 귀신을 쫓아내는 능력보다, 기적을 행하는 능력보다 하나님의 뜻대로 행하는 사람만이 하나님의 나라에 들어가는 것임을 강조하셨다.

> "나더러 주여 주여 하는 자마다 다 천국에 들어갈 것이 아니요 다만 하늘에 계신 내 아버지의 뜻대로 행하는 자라야 들어가리라"(마 7:21)

한국 교인들은 영성을 많이 언급하며 영력을 좋아한다. 영어로 'Spirituality'이다. 영력이란 무엇인가? 한 마디로 하나님의 말씀대로, 즉 말씀의 정신으로 살 수 있는 능력을 말한다. 40일 금식기도나 병을 치유하는 기도의 능력 등을 떠올리기 십상이지만 성경이 말씀하는 최고의 영력은 사랑을 행하는 능력이다.

> "그 날에 많은 사람이 나더러 이르되 주여 주여 우리가 주의 이름으로 선지자 노릇 하며 주의 이름으로 귀신을 쫓아 내며 주의 이름으로 많은 권능을 행하지 아니하였나이까 하리니 그 때에 내가 그들에게 밝히 말하되 내가 너희를 도무지 알지 못하니 불법을 행하는 자들아 내게서 떠나가라 하리라"(마 7:22, 23)

수많은 사람 앞에서 예수 그리스도의 이름으로 하나님의 말씀을 선포하고 귀신을 쫓아내고 놀라운 기적을 행한다고 할지라도 주님께서는 그 사람을 도무지 모른다고 하실 것인데, 그 이유가 무엇인가? 우리 주위에 그런 목사가 있다면 얼마나 많은 사람이 추앙

할 것인가? 왜 주님께서는 주님의 이름으로 기사와 기적을 행한 놀라운 영력의 사람들을 알지 못하신다고 하는 것일까? 그 이유는 단 하나이다. 사랑의 마음, 사랑의 삶을 이루지 못한다면 모든 것은 하나님과 상관없는 것들이고 가치가 없는 것들이다. 감동적인 말씀의 선포와 귀신을 쫓아내는 기도와 기적을 일으키는 능력이 잘못되었다는 것이 아니다. 그리스도인들이 가져야 할 능력과 경건들이다.

> "믿는 자들에게는 이런 표적이 따르리니 곧 그들이 내 이름으로 귀신을 쫓아내며 새 방언을 말하며 뱀을 집어올리며 무슨 독을 마실지라도 해를 받지 아니하며 병든 사람에게 손을 얹은즉 나으리라 하시더라"(막 16:17, 18)

놀라운 믿음의 능력에도 불구하고 하나님의 근본적인 뜻, "네 이웃을 네 몸처럼 사랑하라"는 삶이 그 바탕을 이루지 못한다면 그 어떤 사람이라도 하나님 앞에 설 수 없다는 것이다. 예수 그리스도의 십자가를 통하여 베풀어 주신 하나님의 사랑이 유일한 구원의 길이며, 그 길을 깨닫고 날마다 나 자신을 부인하며 이웃 속에서 나의 십자가를 지는 자만이 구원을 얻을 것이다. 그것이 그리스도인의 가장 큰 능력이다.

4) 평화의 가르침

예수님께서는 사람과의 평화, 하나님과의 평화를 가르치셨다. 예수님께서는 먼저 사람과의 평화를 이루라 하신다.

> "진실로 너희에게 이르노니 무엇이든지 너희가 땅에서 매면 하늘에서도 매일 것이요 무엇이든지 땅에서 풀면 하늘에서도 풀리리라"(마 18:18)

땅에서 매면 하늘에서도 매이고 땅에서 풀면 하늘에서도 풀리는 것이다. 우리 이웃과 평화를 이루면 하나님과도 평화가 이루어지는 것이다. 이웃을 시기, 질투하며 미워하는 마음을 가지고 교회에서 철야하며 눈물로 기도한다 해도 하나님께서는 듣지 않으시는 것이다. 하나님은 죄인과는 상관하지 않으시는 분이시기 때문이다.

> "오직 너희 죄악이 너희와 너희 하나님 사이를 갈라 놓았고 너희 죄가 그의 얼굴을 가리어서 너희에게서 듣지 않으시게 함이니라"(사 59:2)

우리의 기도에 응답이 없는 가장 큰 이유는 우리의 끊어 버리지 못하는 죄들 때문이다. 우리는 먼저 우리의 부모, 형제, 친구, 이웃과 평화를 이루어야 한다. 그것은 사랑과 포용의 마음이 없이는 불가능하다. 우리가 기도해야 할 바로 그 부분이다. 우리가 저 미운 사람을 용서하고 사랑하게 성령님 도와주시옵소서라고…. 우리가 기도하는 부귀, 영화, 건강, 장수는 하나님과 평화가 이루어진 다음에 하나님의 계획에 따라 주시는 것이다. 하나님과 평화가 이루어진 사람들에게는 열심히 기도할 제목들이 되지 못하겠지만. 이 땅에서 평화를 이루는 것도 사랑에 속하는 것이다. 사랑 없는 평화는 거짓 평화이며 위선적 평화이고 나의 유익을 위한 평화이다. 그런 평화는 하나님과 상관없는 평화인 것이다. 그리스도의 사랑으로 용서와 포용과 양보가 이루어질 때 참 평화가 이루어지는 것이다.

2. 하나님의 나라

하나님을 믿는 자들이 하나님께 부여받은 사명은 이 땅을 하나님의 나라로 만드는 것이다. 완전한 하나님의 나라를 이 땅에 구현할 수는 없지만 그 하나님 나라의 속성과 가치관이 주도하고 통용되는 나라를 만드는 것이다. 구원받은 자들이 그 일을 위해 고뇌하고 애통하고 희생할 때, 그 과정에서 우리는 이타적인 사랑의 존재가 되어 구원의 자리까지 이르게 되는 것이고 그가 처해 있는 사회적 현장은 하나님 나라 같은 속성의 나라로 수렴해 가는 것이다. 물론 이 땅에는 마지막 날까지 악마적 속성과 영역이 남아있을 것이다. 그것이 성도들에게 할 일을 제공하고, 성도들을 연단하고 그리스도의 제자들로 성숙시킬 것이다.

성도들은 이 땅에 하나님의 나라를 확장시켜 나가려면 하나님의 나라를 확실히 알아야 할 것이다. 하나님의 나라는 어디에 있고 어떤 것인지 확실히 알아야 한다. 하나님 나라의 추상적인 개념과 신앙은 성도들을 이중인격자, 확신 없고 능력 없는 신자들로 만들 것이다.

1) 하나님의 나라는 어떤 나라인가?

성경에 하나님 나라의 구체적인 모습은 나와 있지 않다. 그러나 우리가 사모하고 열망하기에 충분한 말씀이 계시되어 있다. 첫째 하나님의 나라는 하나님께서 통치하시는 나라다. 하나님은 사랑과 진리와 공의의 하나님이시다. 그의 나라는 완전한 사랑과 진리와 의의 나라이다. 우리가 추구하는 완전한 행복과 자유함의 개념이다. 물질과 육신의 한계를 초월하여 완전한 지식과 완전한 생명과 기쁨의 상태이다. 그 상태가 어떤 상태인지 알 수는 없지만 이 땅의 결핍과 아픔과 눈물을 실감하는 사람은 그 완전한 상태를 미루어 짐작하며 열망할 것이다.

요한 사도는 요한계시록에 하나님께서 보여 주신 하나님 나라의 비전을 서술하고 있다.

> "또 내가 새 하늘과 새 땅을 보니 처음 하늘과 처음 땅이 없어졌고 바다도 다시 있지 않더라" (계 21:1)

"모든 눈물을 그 눈에서 닦아 주시니 다시는 사망이 없고 애통하는 것이나 곡하는 것이나 아픈 것이 다시 있지 아니하리니 처음 것들이 다 지나갔음이러라"(계 21:4)

2) 하나님의 나라는 어디에 있는가?

믿는 자들은 하나님 나라의 소재를 분명히 알고 확신하고 있어야 한다. 하나님 나라에 대한 존재와 구체적 믿음이 없이는 하나님의 일을 할 수가 없다. 인간은 하는척하다가도 자신의 이익과 안일과 쾌락 때문에 배반하고 돌아서게 된다. 참다운 헌신의 삶을 살 수 없다. 그것이 인간의 성정이다. 믿는 자들이 마지막 순간까지 기쁨을 가지고 말씀의 삶을 살 수 있는 것은 하나님 나라에 대한 확실한 소망 때문이다.

하나님 나라는 크게 두 가지로 해석되어 왔다. 첫째는 죽어서 가는 천당의 개념이다. 어디인지는 모르지만 육신의 수명을 다하고 숨을 거두면 육신은 흙이 되어 썩지만 우리의 영혼은 천당, 하나님 나라로 가서 영원히 산다는 것이다. (세부적인 교리는 약하겠다) 신학적이고 철학적 사상이 없는 믿음의 선진들이 가졌던 하나님 나라에 대한 믿음이다. 틀린 믿음은 아니지만 하나님의 나라가 어디에 있는지도 모르고 간다니 막연할 수밖에 없다. 그 막연한 베일에 휩싸인 나라를 위해 모든 것을 버릴 수 있을까? 방법은 오늘 성령의 임재하시는 체험을 통해 하나님 나라를 믿는 것이다. 이렇게 임재하셔서 함께 하시는 성령의 역사가 있는데 하나님 나라가 없을 리

있겠는가 하고 믿는 것이다. 단순하고 어린아이 같은 믿음이다. 결과적으로는 함께 하나님 나라에서 만날 수 있는 믿음일 것이다.

두 번째는 지식이 있는 현대인들에게 설득력 있는 하나님 나라의 개념이다. 하나님의 나라는 사랑과 의의 하나님께서 통치하시는 나라이며 믿는 자들이 이 땅에 사랑과 의를 구현하면 그곳이 하나님의 나라라고 생각하는 것이다. 분명히 맞는 생각이다. 예수님께서도 그렇게 말씀하셨다.

> "그러나 내가 하나님의 성령을 힘입어 귀신을 쫓아내는 것이면 하나님의 나라가 이미 너희에게 임하였느니라"(마 12:28)

인간의 욕망과 이기심 때문에 죄의 종이 되어 상처받고 병들고 죽어가는 인생들에게 성령의 능력이 임하여 영육간의 병이 치유되고 믿음이 일어나면 사탄의 굴레에서 벗어나 하나님의 사랑과 의로운 영역으로 변화되는 모습을 말씀하신 것이다. 이는 하나님 나라의 속성을 말씀하신 것이지 완전한 하나님 나라를 말씀하신 것은 아니다.

빛이 번쩍하며 지나가는 현재적 하나님 나라의 믿음은 회의와 허탈에 빠질 때가 많을 수밖에 없다. 그 이유는 언제나 내 삶과 내 환경이 하나님의 사랑과 의로움에 충만하지는 않기 때문이다. 이 신앙 역시도 온전한 말씀에의 헌신을 이룰 수는 없다. 이 신앙의 이면에는 윤리적이고 숨겨진 허무함이 있기 때문이다. 현재적 하나님 나라관을 가진 사람들은 가능한 한 최대로 이웃에게 친절하고 도움을 주려 하고 봉사하려 한다. 그런데 진짜로 나의 삶을 희생해서 사랑하려 하지는 못한다. 내가 편안한 생활을 할 수 있는 만큼의 분량은 남겨놓고 해야 하기 때문이다. 그 이유는 그가 가진 현재적 하나님 나라는 그가 죽으면 동시에 끝나기 때문이다. 그래서 나는 그리스도인이니까 가능한 범위 내에서 이웃과 잘 지내고 조금 희생도 하지만 나도 한 번뿐인 이생에서 편안하고 재미도 좀 보면서 살아야 하는 것이다. 눈 감으면 모든 것이 끝이고 무(無)라면 굳이 순교 같은 신앙의 자리까지 갈 필요는 없다고 내 속마음은 나를 붙들고 있는 것이다.

이 신앙은 고상한 윤리적인 선에서 삶의 수준을 맞추려 한다. 신앙으로 인한 큰 희생의 결단이 요청되는 사건에 맞닥뜨리면 그는 뒷걸음을 칠 수밖에 없다. 참 신앙의 능력이 없다. 순교의 자리까지 마다하지 않았던 사도들과 초대 교회 성도들은 무엇이 달랐을까? 그들은 교우들과 나누는 사랑의 삶 속에서 하나님 나라를 체험했을 뿐 아니라 육신의 삶이 끝난 다음에 있는 하나님의 나라를 확신하고 뜨겁게 소망하였기 때문이다.

> "만일 땅에 있는 우리의 장막 집이 무너지면 하나님께서 지으신 집 곧 손으로 지은 것이 아니요 하늘에 있는 영원한 집이 우리에게 있는 줄 아느니라"(고후 5:1)

이 믿음이 말씀에 순종하는 삶을 살게 하고 진짜 희생과 헌신을 가능하게 하는 믿음이다. 그 위에 하나님의 나라가 어디에 있고 어떤 형태로 존재하는가를 알게 된다면 그는 참 그리스도인으로서 능력과 행복한 삶을 살게 될 것이다. 하나님의 나라는 여기에 있다. 하나님 나라의 속성으로 우리의 마음속과 환경에서 잠깐 이루어지는 나라를 의미하는 것이 아니라 실제로 성부 하나님과 성자 예수님, 그리고 성령님이 여기에 계시고 천사들과 먼저 간 성도들이 여기 계시다.

우리가 보지 못하는 이유는 그 나라는 영적인 나라이고 차원이 다른 나라이기 때문이다. 사도 바울은 자신이 셋째 하늘에 다녀온 체험을 기록하고 있다. 그는 그곳에서 사람의 말로는 형용하기 어려운 체험과 말을 들었다고 했다. 그는 그 체험의 순간에 자신이 몸 밖에 있었는지 몸 안에 있었는지 모른다고 말한다.

> **"내가 그리스도 안에 있는 한 사람을 아노니 그는 십사 년 전에 셋째 하늘에 이끌려 간 자라** (그가 몸 안에 있었는지 몸 밖에 있었는지 나는 모르거니와 하나님은 아시느니라)"(고후 12:2)

> **"그가 낙원으로 이끌려 가서 말로 표현할 수 없는 말을 들었으니 사람이 가히 이르지 못할 말이로다"**(고후 12:4)

이 체험은 날마다 역사하시는 성령의 체험과 더불어 사도 바울의 신앙 삶에 원동력이 되었을 것이다. 그는 하나님 나라의 실제를 체험했지만 그곳이 어디에 있는 것인지 말할 수 없었다. 환상 속에서 본 것인지 실지로 어디로 가서 체험한 것인지 알 수가 없었다. 우리가 분명히 말할 수 있는 것은 사도 바울은 어디로 다녀온 것이 아니지만 영적으로 차원이 다른 세계를 다녀온 것이라는 사실이다. 우리가 사는 세계는 3차원의 세계다. 하나님 나라는 4차원인지 7차원인지 모르지만 차원이 다른 실재하는 나라이다. 그렇기 때문에 하나님의 나라가 지금 이곳에 실재하는 데도 우리는 보거나 만질 수가 없다. 성령의 충만함 속에 사는 사람이 아니고는 느낄 수조차 없는 것이다. 지금 이곳에 성부와 성자와 성령께서 함께 하시고 그의 나라가 여기에 있다. 우리의 아버지 하나님께서는 우리의 모든 것을 보고 듣고 알고 계시다.

    오래전에 들은 어느 젊은 집사의 간증이다. 그는 17살에 미국으로 이민 와서 적응을 못하고 싸구려 스포츠카를 몰며 방황했었다고 한다. 어느 날 빅 베어라는 산에 올라가던 중 차가 낭떠러지 아래로 굴렀다. 빅 베어는 백두산보다 높은 산으로 모든 길이 천 길 낭떠러지다. 죽은 목숨이었지만 기적적으로 바로 아래로 지나가던 파이프라인에 걸려 살아났는데 잠깐 정신을 잃은 짧은 순간에 자신의 일생, 그때까지의 모든 일들이 순간적으로 영화 스크린처럼 보였다 한다. 그런 간증은 후에도 여러 사람한테서 들었다. 나는 그것이 실제 하나님의 영적 세계와 접속되는 순간이라고 생각한다. 하나님께서는 우리의 모든 순간순간을 슈퍼컴퓨터의 수억만 배 되는 능력으로 생생하게 기억하고 계신다.

　사도 바울은 그 하나님의 나라에 순간적으로 접속되었던 것이다. 하나님의 나라에서는 우리에게 올 수 있지만 우리는 그 나라로 갈 수가 없다. 가는 순간은 우리 죽음의 시간이다. 예수님께서는 부활 후에 제자들이 문을 닫고 숨어 있는 방에 문을 열지 않고 나타나셨다. 베드로의 감옥에 나타나 사슬을 풀고 옥에서 구출해 준 천사의 역사도 동일한 것이다. 성도들이 이 엄중한 사실을 확실히 알게 되면 성부 성자 성령과 교제하는 성령 충만한 능력과 진리의 삶을 살게 되는 것이다. 이것이 진정 코람데오의 삶, 하나님 앞에서 살게 되는 참 신앙생활이다.

　이 신앙생활이 이루어지면 빌립 집사님이 성령에 이끌려 에티오피아 여왕 간다게의 재무장관인 내시에게 복음을 전하고 순식간에 사라진 것 같은 전도의 역사가 이루어지고, 사도 바울이 성령의 환상을 따라 마케도니아(오늘의 그리스)로 넘어가서 유럽을 복음화하는 역사가 이루어지는 것이다. 하나님 나라의 간섭과 인도하심이 있어야 하나님의 역사가 이루어지는 것이다.

성령의 능력이 나타나는 교회

1. 예수 그리스도 정신의 원동력

1) 하나님이신 성령님

이 성령은 제 삼위의 하나님이시다. 성령은 하나님이 부리시는 천사가 아니다. 또 하나님께서 주시는 능력이나 신비한 기술이 아니다. 성령은 바로 하나님 자신이시다. 하나님은 영이시고 성령님은 하나님의 영이시다. 곧 성령님은 하나님이시다.

성령은 태초에 하나님께서 우주 만물을 창조하실 때부터 계셨던 하나님이시다.

> "태초에 하나님이 천지를 창조하시니라 땅이 혼돈하고 공허하며 흑암이 깊음 위에 있고 하나님의 영은 수면 위에 운행하시니라"(창 1:1, 2)

삼위의 하나님, 삼위는 영어로 'person'을 의미한다. 곧 격을 의미하는 것으로 일등, 이등, 삼등의 수직적인 개념이 아니라 수평적 하나님을 나눈 신성의 격을 가리킨다. 제 일위는 하나님, 제 이위는 예수님, 제 삼위는 성령님으로 삼위가 하나인 것이다.

2) 말씀과 그리스도의 정신

사랑과 평화와 의로움은 예수 그리스도의 가르침의 내용이며 핵심이며 정신이다. 그것은 하나님의 말씀에 근거하며 하나님 말씀에 바탕을 두고 있다. 예수께서는 하나님의 말씀을 올바로 해석하고 우리에게 그 말씀을 주신 하나님의 의도와 뜻을 밝히 가르쳐 주신 것이다. 다시 말하면 예수 그리스도의 정신은 하나님 아버지의 말씀이 핵심인 것이다.

3) 능력의 근원

하나님 말씀의 뜻이며 예수 그리스도의 정신인 사랑과 평화와 의로움은 타락한 인간이 가질 수 있는 능력이 아니다. 인간의 타락한 본성은 온전한 사랑과 평화와 의로움의 삶을 살 수 없다. 인간의 이기심은 완전한 사랑과 평화를 성취할 수 없으며 죄에서 완전히 자유케 되지 못한 인간은 하나님의 의로움의 자리에 이를 수 없다. 예수님은 여인을 보고 음욕을 품기만 하여도 간음한 자라 하였다. 예수님의 법은 원인법이다. 마음 깊은 곳에 있는 욕심은 밖으로 표현, 실행되지 않아도 그 자체로 범죄함과 같다는 의미다. 사회법은 결과법이다. 마음속으로 무슨 악한 생각을 해도 실제로 실행하지 않으면 죄가 없다. 오직 우리의 생각과 마음이 실제로 표출되고 범죄행위가 이루어져야 죄가 되는 것이다. 그러나 하나님의 법인 신앙의 법, 원인법으로 보면 모든 인간은 간음자요, 강도요, 살인자다.

> "음욕을 품고 여자를 보는 자마다 마음에 이미 간음하였느니라" (마 5:28)

미움의 마음을 갖는 것도 살인죄와 같은 것이다.

> "나는 너희에게 이르노니 형제에게 노하는 자마다 심판을 받게 되고 형제를 대하여 라가라 하는 자는 공회에 잡혀가게 되고 미련한 놈이라 하는 자는 지옥 불에 들어가게 되리라" (마 5:22)

"미련한 놈이라 하는" 뜻의 영역은 "you fool"이다. 그 당시 유대인들에게는 얼마나 무서운 욕이었는지 모르겠지만 지옥 불까지 갈 욕은 아닌 듯싶다. 더욱이 요즘 욕에 비하면 얼마나 젊잖은 욕인가. 이 말씀의 요지는 이웃 사랑과 평화를 깨뜨리는 마음이나 행위가 얼마나 무서운 죄인가를 강조하시는 말씀인 것이다. 이 말씀의 정신에 비추어 보았을 때 지옥 불에서 자유한 자들이 누구겠는가? 우리 모두가 살인자요, 간음자요, 강도인 것을 고백하지 않을 수 없을 것이다. 이 구원의 가능성이 전혀 없는 인간을 믿음으로 하나님 구원의 자리에까지 이끄시는 분이 성령이며 성령의 능력이다. 사랑과 평화와 의로움인 예수 그리스도의 정신을 이루어 하나님 구원의 자리, 자유함의 자리에까지 이르게 하는 원동력과 능력은 인간의 것이 아니라 성령님의 것이다.

4) 참 믿음의 주체

구원의 주체는 하나님이시고 믿음을 주시는 분은 성령님이시다는 말은 같은 말이다. 다시 말하면 우리는 믿음으로 하나님의 구원을 얻는데 그 믿음을 우리에게 주어서 믿게 하시는 이가 성령 하나님이시라는 말이다. 그래서 우리가 믿게 되는 것도 하나님의 은혜요, 구원을 얻는 것도 하나님의 은혜라고 고백하는 것이다.

구원을 얻는 믿음은 성령님의 역사로 얻어지는 믿음이다. 추상적이거나 감정적인 믿음이 아니라 지·정·의가 하나된 믿음이라 말할 수 있다. 머릿속이나 마음속에서만 고백되는 믿음도 아니고 봉사와 희생만의 믿음도 아니고 뜨거운 감정으로 열광하는 믿음만도 아니다. 지식과 감정과 생활, 곧 지·정·의 세 국면이 함께 결합, 보완된 믿음이다.

어느 한 국면만의 믿음은 구원에 이르지 못하는 믿음이며 온전치 못한 믿음이며 죽은 믿음이다. 사도 야고보는 믿음과 행함에 대해 가르치면서 말로만 하는 믿음, 마음속에만 있는 믿음, 곧 행함으로 연결되지 못하는 믿음은 구원을 얻지 못하는 죽은 믿음이라 지적한다.

> "내 형제들아 만일 사람이 믿음이 있노라 하고 행함이 없으면 무슨 유익이 있으리요 그 믿음이 능히 자기를 구원하겠느냐"(약 2:14)

> "이와 같이 행함이 없는 믿음은 그 자체가 죽은 것이라"(약 2:17)

구원을 얻는 참 믿음은 예수 그리스도의 십자가 대속을 믿는 고백으로 끝나는 것이 아니라 예수 그리스도의 정신인 사랑과 평화와 의로움을 나의 삶의 현장에서 뜨거운 가슴으로 구현해 나가는 것이다. 믿음으로 구원을 얻는다고 했는데 주님은 이방인 사마리아 사람과 같이 이웃 사랑을 행하면 살리라 하셨고, 돈만 알던 세리장 삭개오가 이웃을 향하여 삶의 방향을 전환할 때 구원을 선포하셨다. 서로 사랑, 이웃 사랑에 구원을 선포하신 이유다. 믿음은 사랑의 삶을 살 때 구원 얻는 참 믿음이 되는 것이다. 성령님을 통하여 믿음을 얻은 성도들이 매일 매일의 생활 속에서 믿음의 내용인 사랑과 평화와 의로움을 실천하기 위해 애쓸 때 성령의 도우심이 일어나고 그 믿음의 과정을 통해 구원 얻는 것이다. 그 성령의 도우심으로 나와 내 가정이 변화되고 나아가 내가 속한 사회가 사랑과 평화와 의로움의 하나님 나라로 변화되어져 가는 것이다. 이것이 바로 성화의 과정이며 성화(Santification), 그 자체이다.

2. 성령의 선물들

1) 그리스도 사역의 계승자

하나님께서는 예수님의 사역을 계승하시고 이루실 하나님의 영, 성령님을 주셨다. 성령께서는 오셔서 예수 그리스도의 가르침, 곧 그의 정신을 깨우쳐 주시고 그 정신으로 사는 삶을 가능하게 하신다. 곧 성화의 과정을 도우시고 이끌어 주신다.

> "보혜사 곧 아버지께서 내 이름으로 보내실 성령 그가 너희에게 모든 것을 가르치고 내가 너희에게 말한 모든 것을 생각나게 하리라"(요 14:26)

> "그러나 진리의 성령이 오시면 그가 너희를 모든 진리 가운데로 인도하시리니 그가 스스로 말하지 않고 오직 들은 것을 말하며 장래 일을 너희에게 알리시리라 그가 내 영광을 나타내리니 내 것을 가지고 너희에게 알리시겠음이라"(요 16:13, 14)

성령께서는 성도들에게 오셔서 회개케 하시고, 씻으시고 고치신다. 곧 성화의 과정을 이끄시고 도와주신다. 인간의 노력으로 성화를 이루는 것이 아니라 성화도 하나님의 은혜로 이루어지는 것이다. 인간이 살아 계신 하나님을 잠시 체험한다고 해서 평생 길에 육신의 정욕과 안목의 정욕과 이생의 자랑을 온전히 극복할 수는 없다. 아무리 신비롭고 굉장한 체험도 시간이 지나면 바래지고 꿈결처럼 느껴지는 것이 체험이다. 성령께서는 우리에게 믿음을 주시고 구원을 이루어 가고 이 땅에서 하나님이 주신 사명을 감당해 나가는 모든 과정에 함께 하시고 인도하시는 것이다. 성령께서는 우리가 믿는 자의 사명을 감당하기 위하여, 그리고 주님의 몸된 교회를 바로 세우기 위해 우리와 함께하시고 초자연적인 능력들을 주신다. 우리는 그것들을 성령의 은사, 곧 선물이라 부른다. 성령께서는 은사들을 주시는 목적이 분명하다.

> "**은사는 여러 가지나 성령은 같고 직분은 여러 가지나 주는 같으며 또 사역은 여러 가지나 모든 것을 모든 사람 가운데서 이루시는 하나님은 같으니 각 사람에게 성령을 나타내심은 유익하게 하려 하심이라**"(고전 12:4~7)

성령의 은사들을 주시는 분은 한 성령님이고 모든 것을 이루시는 분은 한 분이신 하나님이라는 것이 성령의 은사에 대한 대전제이다. 그리고 은사의 목적은 성도들을 유익하게 하심이라는 것이다. 성도들의 유익은 무엇인가? 그것은 성결된 영적 생활을 함으로써 내 삶 속에서 하나님의 뜻을 구현하고 영생의 면류관을 얻는 것이다. 이 땅에서 불신자들이 추구하는 돈이나 명예나 권력의 유익이 아니다. 또 성령 은사의 목적은 성도를 온전하게 만들며 봉사의 일을 하게 하며 결과적으로 그리스도의 몸을 세우려 하심이다.

> "이는 성도를 온전하게 하여 봉사의 일을 하게 하며 그리스도의 몸을 세우려 하심이라"(엡 4:12)

성도를 온전케 한다는 것은 성도답게 만드신다는 것이다. 영어 성경에는 "to equip his people" 그의 백성들을 무장시킨다는 의미의 말씀이다. 성도의 무장에 대해 에베소서 6장 14절 이하의 말씀을 참조하기 바란다. 두 번째는 성도를 봉사시키기 위함이라고 말씀하신다. 우리는 예수 그리스도를 영접하고 믿음 생활을 시작한다고 해서 순식간에 성도로 무장되어지지는 않는다. 많은 시행착오와 훈련의 과정을 거쳐야 하나님의 군사로 설 수 있는 것이다.

성령께서는 은사들을 성도들에게 나누어 주심으로 성도들이 성도답게 서고 하나님의 사역을 감당하는 것을 가능케 한다. 마지막으로 성령 은사의 결과는 그리스도의 몸을 세우려 하심이라는 것이다. 그리스도의 몸은 성도들 믿음의 연합체인 교회이다. 이상적이고 성경적인 교회이다. 언급했듯이 우리가 보는 세상의 많은 교회는 세상 단체와 동일한 내용을 가진 교회가 대부분이다. 그리스도의 몸으로서 어찌 헌금과 교인 수를 추구하며 이웃의 헐벗고 굶주림을 외면하고 건물의 위용과 아름다움으로 하나님의 영광을 나타내려 하겠는가? 그리고 예수 그리스도의 몸을 자신의 부귀와 출세의 수단으로 사용하며 또 예수 그리스도의 몸인 교회를 자식에게 대물림하는 웃지 못할 불신앙을 연출할 수 있겠는가?

그리스도의 몸인 교회는 이 세상의 어두움을 비추는 진리와 생명의 빛이며 병든 이 땅을 치유하고 변화시키는 소금이다. 그것은 나를 내어주는 희생과 겸비, 곧 참사랑으로 나타나는 것이다. 성령의 은사는 성도와 교회의 사명을 감당할 수 있도록 돕는 하나님의 은혜이며 능력이다.

2) 성경에 나타난 성령의 은사들

대표적으로 성령의 은사들이 기록된 성경은 고린도전서 12장, 로마서 12장, 그리고 에베소서 4장이다. 여기에서는 아주 간략하게 은사들의 기본 내용만 설명하겠다. 은사들에 대해서는 보다 구체적인 공부가 필요함으로 성도들 각자가 여러 서적을 통하여 공부하길 바란다.

〈고린도전서 12장〉 - 9가지

- **지혜의 말씀**(the gift of message of wisdom)

지혜의 말씀 은사는 지식의 말씀 은사와 관계가 깊다. 하나님의 진리 말씀을 깊이 깨닫고 연구, 분석하는 지식의 은사와 유사하지만 지혜의 은사는 그 지식을 우리의 삶에 적용하는 면이 다르다고 할 수 있다.

- **지식의 말씀**(the gift of message of knowledge)

하나님의 진리를 더욱 깊이 깨닫고 하나님의 의도하신 내용을 연구, 분석, 종합하는 은사다.

- 믿음(the gift of faith)

은사로서의 믿음과 구원을 얻는 믿음은 구분하기가 어렵지만 은사로서의 믿음은 어떤 경우에도 흔들림이나 의심없이 지속적으로 하나님의 약속 위에 서는 믿음이다. 믿음의 은사는 불가능하게 보이는 일들도 의심 없는 믿음으로 가능케 하는 능력이다. 능력 행함의 은사와도 연관이 있다. 예수님께서 파도와 바람을 잔잔케 하시고 제자들을 향하여 믿음이 없는 자들이라고 꾸짖으셨다. 모든 것의 주관자이신 하나님을 향한 믿음의 문제인 것이다.

- 병고침·신유(the gift of healing)

믿음의 기도로도 육신의 병들이 치유된다. 그러나 은사로서의 병고침은 치유의 순간이나 전에 성령께서 어떤 종류의 사인(sign)이나 현상을 주심으로 믿음을 가지고 치유하게 되는 것이다. 신유의 은사를 가진 사람들은 예외 없이 치유기도나 치유의 순간에 성령께서 주시는 여러 가지의 사인과 증표가 있다.

- 능력 행함(the gift of miraculous power)

문자 그대로 능력을 행하는 은사이다. 초자연적 기적을 일으키는 능력이다(Miraculous Power). 예수님께서는 눈먼 자, 걷지 못하는 자, 한센씨병 등 육신의 병든 자들을 고치셨고, 오병이어로 5천 명을 먹이셨고, 풍랑이 덮쳐오는 갈릴리 바다에서 바람과 파도를 잔잔케 하셨다. 육신과 물질세계를 지배하는 영적 능력을 보여 주신 것이다. 오늘날에도 믿는 자 가운데서 특별한 은사를 받은 사람들이 기적을 일으킨다. 물론 믿음의 능력이며, 전능하신 하나님을 믿는 믿음이다. 사탄도 능력을 행하고 사탄의 종들도 능력을 행한다. 다른 점은 성령의 은사로서 능력은 개인적인 차원이 아니라 하나님의 영광과 그의 사명을 위해 쓰여지는 능력이라는 점이다.

● 예언(the gift of prophecy)

영어로는 Prophecy로서 구약의 예언자들이 했던 일들을 의미한다. 전쟁에 나가기 전에 승패를 여호와께 물었다. 그 왕과 정권에 대해 하나님의 말씀을 받아 대언했던 선지자들의 직무. 오늘은 구약과 신약 곧 하나님의 말씀이 완성되어진 시대이다. 큰 의미에서 예언의 은사는 성경을 잘 알고 그 말씀과 말씀의 정신을 오늘 우리의 삶에 적용하는 사역이다. 목사들의 대부분 사역으로 말할 수 있다. 점쟁이와 같은 미래의 개인적인 삶의 생사화복을 점치는 행위를 의미하지 않는다. 하나님 구속사의 관점에서 성도와 교회와 세상의 미래를 말할 수 있으나 그것도 성경의 말씀과 내용에서 벗어나서는 안 된다. 말씀에서 벗어나는 것은 사탄의 미혹이다.

● 영들 분별(the gift of discernment)

사탄도 자신을 천사로 위장한다.

"이것은 이상한 일이 아니니라 사탄도 자기를 광명의 천사로 가장하나니"(고후 11:14)

악한 영이 뿔을 달고 나타나거나 칼을 휘두르며 살상하며 등장하면 누가 사탄에게 속아 넘어가겠는가? 사탄은 교묘하고 다양한 방법으로 사람들과 성도들을 자신의 종으로 삼으려 한다. 영분별의 은사는 그런 사탄의 위장과 속임수에 넘어가지 않고 오히려 그것이 잘못된 영의 역사임을 구별하고 밝혀내는 은사이다.

● 각종 방언(the gift of toungues)

가장 많은 논란과 혼란을 가져온 은사이다. 일부 교단에서는 방언의 은사는 초대교회 이후 19세기까지 교회와 성도들의 삶에 전혀 그 기록이 발견되지 않는 단절된 은사로 20세기 이후에 나타난 방언들은 사탄의 속임수라며 금지하고 있다. 그러나 성경에 기록된 성령의 은사이므로 부인해서는 안 되며 조심해서 사용해야 할 것이다. 방언은 인위적으로 만들어 내는 방언도 있고, 마귀의 미혹으로 주어진 것도 있다. 영분별의 은사가 요청되어지는 부분이다. 특별히 방언을 드러내고 자랑하면서도 생활 속에 경건과 진실이 없는 신자들을 주의해야 할 것이다.

● 방언 통역(the gift of interpretation)

방언의 은사는 통역의 은사를 가진 사람이 없으면 공중 예배나 공공연한 모임에서는 하지 말고 개인적으로 신앙의 성숙을 위해 사용해야 할 것이다.

〈로마서 12장〉 - 7가지

● 예언(the gift of prophecy)

고린도전서 12장의 은사와 같다.

● 섬김(the gift of service)

지도자가 되는 것도 중요하지만 밑에서 그리고 옆에서 성실하게 묵묵히 따라 주는 사람도 중요하다. 섬기는 자가 없이는 지도자나 리더가 있을 수 없고, 충직하게 섬기는 사람이 없이는 훌륭한 지도자가 나올 수 없는 것이다. 그리고 지도자나 리더 역시 섬기는 자임을 잊지 말아야 한다. 성경적 개념으로 사랑과 지혜로 섬기는 자가 참된 지도자인 것이다. 주님은 섬김을 받으려고 오시지 않고 섬기려고 오셨다고 하셨다. 섬김의 핵심은 사랑과 겸비이다.

> "인자가 온 것은 섬김을 받으려 함이 아니라 도리어 섬기려 하고 자기 목숨을 많은 사람의 대속물로 주려 함이니라(마 20:28)

● 가르침(the gift of teaching/ teacher)

목사의 은사와 같은 은사로 보기도 한다. 가르침의 특별한 재능을 뜻한다. 효과적으로, 그리고 명확하게 하나님 말씀의 바른 뜻과 의도를 가르치고 적용하는 은사이다. 다양한 지식을 가진 사람도 다른 사람들에게 그 지식을 제대로 가르치거나 전달하지 못하는 경우가 많다.

● 권면(the gift of exhortation/encouragement)

권사라는 호칭이 여기서 나왔다. 권면의 은사를 가진 사람은 낙심하거나 실망한 사람들에게 남 달리 위로하고 격려하여 다시 세우는 재능이 있다. 깊은 슬픔과 실망감에 빠진 사람을 위로하려다 오히려 상태를 악화시키는 경우가 많고, 다시 힘을 내게 하기는 대단히 어려운 일인데, 권면의 은사를 가진 사람의 말은 거부감 없이 받아들이며 위로를 받는다. 권면 혹은 위로의 은사를 가진 사람은 더욱 하나님의 말씀을 깊이 공부하고 예수님의 방법을 깊게 습득해야 할 것이다.

- 구제(the gift of giving)

가난한 사람들을 돕는 것은 초대 교회의 최우선 활동이었다. 교회 헌금의 우선적 목적도 구제였다. 물론 당시에는 먹고 입을 것이 절대 부족한 시대였다. 그러나 현대에도 물질의 결핍으로 고통당하고 죽어가는 사람들이 상상 이상으로 많다는 것을 인식하고 구제는 그리스도인의 가장 우선적 목회활동의 목표로 인식해야 할 것이다. 특별히 구제의 은사를 받은 사람은 가진 물질의 대소를 떠나 구제에 아까운 마음이 없으며, 구제하고도 진심으로 자신을 드러내려 하지 않는 마음을 갖는다. 그리고 가난한 사람들을 향한 뜨거운 사랑이 있다.

- 다스림(the gift of lead/government)

통솔과 지도력의 특별한 재능이다. 강제적 지배나 다스림이 아니라 설득력 있는 말과 행동의 사람이다. 예수님의 지도력은 사랑과 겸비를 통한 다스림이었지만 늘 설득력 있고 권위 있는 말씀의 가르침이 있었다.

- 긍휼 베풂(the gift of giving mercy)

구제의 은사가 물질에 관계된 것이라면 긍휼의 은사는 물질도 포함될 수 있지만 근본적으로 사람을 존중하고 사랑하는 정신에서 나오는 것이다. 하나님께서 죄인 된 우리에게 긍휼을 베풀어 주셔서 영생의 자리까지 허락하여 주시는 긍휼을 깨달을 때, 긍휼의 은사는 물질보다 죄와 정신적인 것에 관련이 더 깊다 하겠다. 예수님께서는 우리에게 죄를 지은 자를 일곱 번씩 70번이라도 용서하라 하셨다. 보통 사람은 도저히 할 수 없는 능력을 삶 속에서 실천하는 사람의 능력을 의미한다.

〈에베소서 4장〉 - 5가지

● 사도(the gift of apostles)

예수님의 열두 제자를 사도라 하여 영어에서는 첫 자를 대문자 A로 쓴다. 후에 사도의 반열에 들어온 맛디아를 포함한 12사도 외에는 사도직을 받은 사람은 없다고 봐야 한다. 대표적으로 바울과 바나바 같은 사람들을 사도직에 포함하지만 12사도와는 구분점이 있다고 생각한다. 원래 사도라는 단어는 '보내심을 받은'이라는 뜻이다. 오늘도 외국과 같은 언어와 문화가 다른 곳으로 보내심을 받고 선교하는 사도적 직무를 감당하는 사람들이 있다. 그러나 사도라는 단어나 직책을 경솔히 사용하지는 말아야 한다.

● 선지자(the gift of prophets)

예언의 은사를 의미한다. 신구약 성경이 완성된 오늘에는 하나님의 말씀을 연구하여 깊은 지식을 토대로 말씀을 선포하고 가르치는 은사를 가르치는 의미가 더 크다. 앞날을 미리 말하는 예언이 있지만 그것도 성경의 말씀을 토대로 이뤄져야 한다.

● **복음전도**(the gift of evangelists)

복음은 예수 그리스도의 십자가 대속으로 우리가 죄 사함을 얻고 정결케 되고 하나님의 자녀가 되는 구원의 내용이다. 복음전도의 은사를 가진 사람은 복음을 더욱 효과적으로, 그리고 공감을 얻어내는 능력을 갖춘 사람이다.

● **목사**(the gift of pastors)

양을 치고 먹이는 목자에서 나온 말이다. 바른 목사는 바른 목양을 하는 사람이다. 바른 목양은 가장 먼저 양을 사랑하는 마음이 요청된다. 목사가 목회하면서도 교인들을 사랑하는 마음이 없고 헌금의 도구나 교회의 조직원 정도로 생각한다면 목사로써 은사가 없는 사람이다. 양을 희생하여 교회를 키우려 하는 목사들은 목양의 은사가 아니라 늑대의 은사가 있는 사람들이다. 목사 혹은 목양의 은사를 가진 사람은 교회의 물적, 양적 성장보다 먼저 교인 한 사람의 영혼을 염려하고 사랑하는 사람이다.

● **교사**(the gift of teachers)

목사의 은사와 동일한 은사로 생각하는 사람들도 있다. 그것은 목사가 가르치는 역할을 가지고 있기 때문이다. 그러나 목사는 교사의 은사를 가지고 있을 수 있지만, 교사는 꼭 목사·목양의 은사를 가지고 있지는 않다. 그런 면에서 교사의 은사 혹은 가르치는 은사는 다르다고 할 수 있다. 로마서 12장의 가르침의 은사와 겹친다.

그 외에도 더 많은 성령의 은사들이 있을 수 있다. 헌금과 독신도 은사로 보는 사람도 있다. 또 성령의 열매까지 은사로 보면 성경에만 36가지 이상의 성령의 은사들이 있다. 이 은사들은 열매를 맺는다. 곧 성령의 열매이다.

3) 성령의 9가지 열매 – 갈라디아서 5장 22~23절

특이한 점은 원문과 영어성경에는 열매가 복수가 아니라 단수로 되어 있다는 것이다. 이것은 성령의 열매는 하나 곧 사랑이고 나머지 여덟 가지의 열매는 사랑 안에 다 포함되는 열매들이라는 해석이 있다.

> "오직 성령의 열매는 사랑과 희락과 화평과 오래 참음과 자비와 양선과 충성과 온유와 절제니 이같은 것을 금지할 법이 없느니라"(갈 5:22-23)
>
> "But the fruit of the Holy Spirit is love, joy, peace, forebearance, kindness, goodness, faithfulness, gentleness and self control."

- 사랑(love)
- 희락(joy)
- 화평(peace)
- 오래참음(forbearance)
- 자비(kindness)

- 양선(goodness)
- 충성(faithfulness)
- 온유(gentleness)
- 절제(self-control)

성령께서 주시는 믿음과 은사로 사는 사람은 성령의 열매를 맺는다. 구원받는 자들의 삶의 모습이며 목적이다.

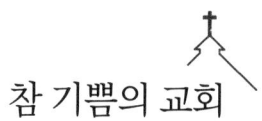

참 기쁨의 교회

1. 자유함에서 오는 기쁨

하나님의 교회는 하나님의 말씀을 올바로 깨닫고 그 말씀 속에 있는 정신, 곧 그리스도의 정신으로 사는 성도들의 집합체이다. 구원을 얻는 믿음이며, 온전한 믿음이다. 온전한 믿음은 말로만 혹은 마음속으로만 믿는 것이 아니라 나의 삶과 일치되는 믿음이다. 그 믿음의 총체가 하나님의 교회이며 자유케 하는 교회다. 이 그리스도의 정신과 그 정신으로 사는 삶을 가르치는 교회만이 신자들을 하나님의 생명으로 인도하는 예수 그리스도의 몸 된 교회다.

사도 바울은 구약의 모세가 하나님을 대면한 후(실제로는 천사지만) 얼굴에서 광체가 나서 이스라엘 백성들이 두려워하고 쳐다볼 수가 없어서 얼굴에 수건을 덮고 백성들과 대화했다고 기록하고 있다.

"우리는 모세가 이스라엘 자손들에게 장차 없어질 것의 결국을 주목하지 못하게 하려고 수건을 그 얼굴에 쓴 것 같이 아니하노라 그러나 그들의 마음이 완고하여 오늘까지도 구약을 읽을 때에 그 수건이 벗겨지지 아니하고 있으니 그 수건은 그리스도 안에서 없어질 것이라"(고후 3:13, 14)

그리스도 안에 자유함이 있다. 예수님을 만날 때 구약의 가려졌던 수건이 벗겨지고 하나님 참 말씀의 뜻과 정신을 깨닫게 될 때 우리는 자유함을 알고 누리는 삶을 살게 된다. 그 자유함이 우리의 삶에 지속적이고 영속적인 기쁨을 가져온다. 교회에 다니지만 기쁨이 없음은 교회생활과 신앙생활이 다르다는 것을 깨닫지 못하기 때문이다. 하나님의 교회와 신앙생활은 하나이다. 그러나 지상에는 완전한 하나님의 교회가 없다는 것을 알아야 한다.

그리고 성도들은 하나님의 교회와 지상 교회의 괴리감을 좁히기 위해 노력해야 하며 하나님의 교회에 가장 가깝게 수렴해 나가는 교회를 세워 나가는 사명을 가지고 있다. 자유함은 믿는 자들에게 주어지는 성령의 역사다. 자유함은 죄와 탐욕으로 뒤덮어진 이 땅에서 사는 성도들에게 영적 기쁨과 진정한 행복을 준다. 완전한 자유함에 이르기까지 시행착오들이 있겠지만 자유함의 정신, 예수 그리스도의 정신을 알게 된 자들은 육신의 삶에서도 점차로 자유함을 누리게 된다. 참된 기쁨은 이 자유함에서 온다. 돈과 명예와 권력과 쾌락에 노예된 삶에 찰나적 기쁨은 있지만 지속적이고 참된 기쁨은 없다. 이 자유함을 얻은 하나님의 자녀들은 기쁨으로 하나님의 평화와 사랑을 자신의 삶의 현장에서부터 실현시켜 나가는 그리스도의 향기며 편지들이 되어 나갈 것이다.

2. 자유한 영혼

자유한 영혼의 소유자라는 말을 가끔 듣는다. 규율과 관습에 얽매이지 않고 다른 사람들이 보기에는 좀 이상하다 해도 상관 없이 멋대로 사는 사람들을 지칭하는 말이다. 그러나 아무도 이 땅에서 육신을 가지고 자유함을 얻을 수는 없다. 자본주의 세상에서는 먼저 경제적 문제를 해결해야 한다. 저 깊은 산 속에 사회와 관계를 끊고 자연인처럼 사는 사람도 먹을 것을 해결하기 위해 무언가는 해야 하는 얽매임이 있다.

그리고 육신의 정욕에서 자유로울 수가 없다. 우리의 육체는 거의 사망의 연령이 될 때까지는 본능적인 성적 욕구가 있다. 그리고 명예의 욕망에서 인생은 자유로울 수가 없다. 대부분 포기하고 살지만 포기와 자유함은 다르다. 아무 명예욕이 없이 사는 사람 같지만 별것 아닌 사소한 경우라도 자신의 이름이나 주장과 철학을 훼손하기 싫은 모습을 드러낸다. 그리고 모든 인간은 관계에서 자유로울 수 없다. 부모, 부부, 자녀, 친구, 이웃 등 수많은 관계에서 자유한 인간은 없다. 육신을 가지고 이 땅을 사는 사람은 누구나 완전한 자유함을 쟁취할 수 없다. 그러나 예수 그리스도를 영접하여 함께 동거하는 그리스도인은 자유함의 삶을 살 수 있다.

우리는 예수 그리스도의 삶에서 진정 자유함을 소유한 인생을 만날 수 있다. 예수님은 완전 무소유의 삶을 사셨다. 그는 물질을 탐하신 적이 없다. 예수님은 완전 무명의 삶을 사셨다. 그는 왕을 삼으려는 군중을 피해 달아나셨다. 예수님은 완전한 사랑의 삶을 사셨다. 육신의 정욕을 초월한 하나님의 사랑을 사셨다. 예수님은 인간의 관계에서 긍휼을 가지셨지만 얽매이지 않으셨다.

오늘 예수 그리스도를 영접한 성도들은 육신적으로 완전한 자유함을 누릴 수는 없지만 현재의 삶 속에서도 영적 자유함을 누리며 살 수는 있다. 예수 그리스도와 동거하면 육신의 정욕, 안목의 정욕, 이생의 자랑에서 다른 가치관을 가지고 흔들리지 않고 살 수 있게 된다. 물론 갑자기 한순간에 이루어지는 것은 아니지만 언젠가는 예수 그리스도의 정신, 그의 가치관으로 덧입혀진 자유한 그리스도인의 삶을 살게 될 것이다. 이것이 우리 신앙생활의 목표이다. 이 자유한 영혼의 삶이 참 기쁨을 우리에게 가져오는 것이다. 우리의 교회는 그리스도 안에서 자유함을 얻고 누리는 말씀을 가르치고 무장하게 함으로 참 기쁨의 성도들을 만들고 참 기쁨의 교회를 세상에 보여 주어야 한다.

제4장 작은자교회

이 장에서는 '작은자교회'의 정신과 비전에 대해 간략하게 서술하려 한다. 위에서 언급한 부분들과 겹치는 부분도 있음을 양해 바란다. 모든 지상의 교회는 하나님의 교회 곧 예수 그리스도의 교회를 향하여 끊임없이 개혁하며 수렴해 나가야 한다. '작은자교회'는 2023년 8월 13일 주일에 서울 신사역 근처의 한 라이브 바에 설립되었다. 그곳은 주일에 쉬기 때문에 사장님의 무료 제공으로 주일 오전 11시에 예배를 드리게 되었다. 그 사장님은 가톨릭신학대학을 나와서 신부의 길 대신 가수의 길을 선택한 사람으로 신앙생활은 하지 않지만, 그의 마음 깊은 곳에는 아직도 하나님께서 계신 사람이었다. 예배 장소로 쓰겠다는 나의 제안에 단 1초도 망설이지 않고 "교회로 사용하신다니 감사한 마음입니다"라며 사용을 허락한 분이다. 이렇게 친구 부부와 다른 친구 2명과 나, 총 5명으로 '작은자교회'는 시작되었다. 성도의 사명이 극히 작은 자에게 사랑을 베푸는 것이라면 교회의 사명도 그에 다르지 않다. 그런 의미에서 우리 교회의 이름을 '작은자교회'로 명명하였다.

> "임금이 대답하여 이르시되 내가 진실로 너희에게 이르노니 너희가 여기 내 형제 중에 지극히 작은 자 하나에게 한 것이 곧 내게 한 것이니라 하시고" (마 25:40)

> "이 지극히 작은 자 하나에게 하지 아니한 것이 곧 내게 하지 아니한 것이니라 하시리니" (마 25:45)

놀랍게도 영벌과 영생의 갈림길이 지극히 작은 자 하나에게 한 것과 하지 아니한 것이었다. 우리 믿는 자들이 지극히 작은 자 하나에게 관심과 사랑을 주는 삶을 산다면 이 땅은 교회, 곧 성도들로 인해 사람이 살 만한 따사로운 세상으로 변화되고 우리 믿는 자들에게 하나님의 영원한 생명의 문이 열릴 것이다.

얼마 전 신문 기사에서 파키스탄의 9살 소녀가 가정이 어려워 애완용 새들을 파는 집에서 심부름하고 그 대가로 학교에 다닐 수 있게 되었는데 어느 날 새장을 청소하다 실수로 새장에서 앵무새 한 마리가 날아가 버렸다. 그리고 그 소녀는 주인에게 매를 맞아 죽었다는 기사를 읽으며 속으로 통곡했다.

남미 사람들은 미국 땅을 찾아 불법으로 리오그란데강을 건넌다. 그중 젊은 부부와 어린 딸을 가진 가족이 있었다. 젊은 남편이 어린 딸을 등에 업고 헤엄쳐 먼저 강을 건넜다. 그리고 다시 강 저편에 있는 아내를 데리러 가려 하자 어린 딸이 아빠에게서 떨어지려 하지 않았다. 그래서 젊은 아빠는 하는 수 없이 어린 딸을 등에 다시 매달고 떨어지지 않도록 티셔츠 밑으로 넣고 헤엄치다 힘에 부쳐 어린 딸과 함께 익사했다. 강물에 밀려 강기슭에 떠내려와 엎드러져 있는 젊은 아빠와 그 아빠의 티셔츠 밑에서 아빠의 목을 마지막까지 끌어안고 익사한 어린 딸, 그 두 사람의 사진은 언제나 나를 오열하게 만든다.

교회의 사명은 이 땅을 하나님의 사랑으로 사람이 살 만한 땅으로 만드는 것이다. 하나님 사랑의 능력이 나의 삶을 통하여 이 땅에 임하게 하라. 그리스도 평화의 능력이 너의 삶을 통하여 이 땅에 펼쳐지게 하라. 내 안락과 쾌락을 나는 포기할 수 없지만 성령이 임하시면 할 수 있다.

앞 장에서 하나님의 교회에 대해 이미 서술하였다. 우리가 섬기고 있는 지상의 불완전한 교회와 중독된 신앙에서 벗어나 하나님의 말씀과 예수 그리스도의 정신으로 무장한 교회를 세우는 것이 우리 성도들의 사명이다. 하나님의 말씀이신 예수 그리스도의 가르침과 정신 위에 세워지는 교회가 성경적인 교회이며 그리스도의 몸 된 교회를 향하여 수렴해 나가는 교회이다.

건물 없는 교회

1. 성전

유대인들은 예루살렘에 제사를 드리는 건물을 지어 놓고 하나님께서 거하시는 집, 곧 거룩한 성전이라고 신성시하였다. 하나님께서 그곳에서만 백성들의 제사를 받으시고 또 백성들에게 말씀하신다고 믿었다. 그 믿음은 모세 시대에 하나님께서 이스라엘 백성들에게 주신 성막에서부터 유래된 것이다. 하나님께서는 성막의 지성소에 거하시면서 제사장들에게 말씀하시고 백성들의 제사를 받으셨다. 이스라엘 백성들이 이동할 때는 성막을 거두고 증거궤를 앞세우고 나아갔다. 성막 위의 구름이 머무르는 동안 백성들은 머물렀고 하나님의 구름이 떠오르면 백성들은 즉각 장막을 거두고 구름을 따라 이동했다.

성막은 하나님의 거하시는 거룩한 장소요, 이스라엘 민족의 중심이었다. 시간이 흘러 유대인들이 눈에 보이는 왕을 요구함으로 하나님께서 사울을 왕으로 삼아 이스라엘 나라를 세워주셨다.

다윗왕의 아들 솔로몬 왕 때에 예루살렘에 성전을 지어서 이스라엘의 신앙과 통치의 구심점이 되게 하였다.

이 거룩한 성전에는 하나님의 선택된 유대인들만 출입이 허용되었고 특별히 성전 안에 하나님의 언약궤가 놓여있는 지성소에는 제사장만이 들어갈 수 있는 거룩한 장소였다. 제사장도 정결하지 않은 상태로 들어가면 죽임을 당했다. 죄인은 거룩하신 하나님을 가까이할 수 없기 때문이다. 기럇여아림에서 하나님의 언약궤를 수레에 싣고 옮겨 올 때 웃사가 기울어지는 하나님의 궤를 손으로 잡았더니 죽임을 당했던 것처럼(대상 13장), 지성소와 언약궤는 절대 신성이었고 정결의식을 거친 제사장만이 들어갈 수 있는 거룩한 장소였다.

그러나 예수 그리스도께서 십자가 대속의 죽음이 이루어진 순간 지성소의 휘장이 위에서 아래로 찢어져 지성소가 공개되었다. 제사장들만이 들어갈 수 있었던 지성소가 모든 백성에게 오픈되는 순간이었다. 즉 모든 백성이 제사장을 통하지 않고도 하나님께 직접 나아갈 수 있게 된 것이다. 이제는 누구든지 예수 그리스도 희생의 피를 힘입어 하나님께로 직접 나아갈 수 있게 된 것이다. 우리에게는 오직 한 분의 제사장이 계신다. 우리에게는 십자가 위에서 우리의 모든 죄를 대신하여 자기 자신을 희생제물로 바치신 예수 그리스도의 피의 공로만이 있을 뿐이다. 이제 예수 그리스도의 대속을 믿는 자는 제사장 없이 하나님께 나아가 직접 물을 수 있고, 하나님께 직접 들을 수 있게 된 것이다. 예루살렘 성전과 그 은밀한 곳에 있던 거룩한 지성소는 없다. 모든 믿는 자들이 하나님의 성전이며, 그 성도들의 마음속에 거룩하신 하나님께서 거하시는 지성소가 있는 것이다.

예배하기 위해 모인 건물은 성전이 아니다. 예수님은 단 한 번도 예배당 건물을 신성시하신 적이 없다. 오히려 완전히 파괴될 것을 말씀하셨다. 하나님께서 계신 곳이라면 파괴될 수는 없는 것이다. 그리고 예수님은 자신의 몸을 성전에 비유하셨다. 사도 바울 역시도 우리의 몸이 하나님의 성령이 거하시는 성전인 줄을 모르느냐고 하셨다.

> "예수께서 이르시되 네가 이 큰 건물들을 보느냐 돌 하나도 돌 위에 남지 않고 다 무너뜨려지리라 하시니라" (막 13:2)

> "너희는 너희가 하나님의 성전인 것과 하나님의 성령이 너희 안에 계시는 것을 알지 못하느냐 (고전 3:16)

> "우리는 살아 계신 하나님의 성전이라" (고후 6:16)

그리스도의 몸은 믿음의 성도들이 서로 연결되고 보완하여 하나 됨으로 이루어지는 것이다. 그것이 성전의 참 의미다. 하나님의 성령이 함께하시는 성도들이 믿음으로 연합할 때 그리스도의 몸 된 교회, 곧 성전이 되어 하나님의 뜻을 이루어 가는 것이다.

2. 예배당

믿는 자들이 모여서 하나님을 예배하는 것은 중요하다. 그러나 그 모임의 장소, 우리가 교회라고 부르는 장소나 건물은 특별한 의미가 있는 것은 아니다. 오늘의 교회는 첫째 예배당 건물을 건축하기 위해 모든 것을 쏟아붓는다. 건축할 때는 구제도, 전도도 없다. 모든 것이 건축헌금에 집중된다. 누구는 집을 팔아 바치고, 심지어 어떤 교회는 교인들에게 은행 적금에 가입하게 하고 그것을 담보로 대출을 받아 건축헌금에 쏟아붓는다. 요한복음에는 예배에 대한 예수님의 독특한 가르침이 나온다.

> "예수께서 이르시되 여자여 내 말을 믿으라 이 산에서도 말고 예루살렘에서도 말고 너희가 아버지께 예배할 때가 이르리라"(요 4:21)

> "아버지께 참되게 예배하는 자들은 영과 진리로 예배할 때가 오나니 곧 이 때라 아버지께서는 자기에게 이렇게 예배하는 자들을 찾으시느니라"(요 4:23)

> "하나님은 영이시니 예배하는 자가 영과 진리로 예배할지니라"(요 4:24)

사마리아 여인은 하나님을 예배해야 하는 장소가 어디냐를 물었다. 예수님의 대답은 여인의 질문과는 초점이 맞지 않는다. 예수님의 대답은 하나님께서는 예배의 장소가 중요한 것이 아니라 영과 진리로 예배하는 사람을 찾으신다. 예배당이 아니고 예배자라는 가르치심이다. 예수님의 관심은 어느 장소와 건물이 아니고 하나님의 뜻과 말씀의 정신으로 살고 있는 삶에 있는 것이다.

3. 영과 진리의 예배

우리는 예배 속에서 우리의 예배가 영과 진리의 예배가 되게 해 달라고 간구하는 기도를 듣는다. 어떻게 하는 것이 영과 진리로 예배하는 것일까? 엄숙한 자세와 딴생각을 하지 않는 집중력 있는 예배가 영과 진리로 드리는 예배일까? 영역으로는 영과 진리를 "In Spirit and In Truth"로 번역하고 있다. 우리 성경은 "신령과 진정으로", 혹은 "영과 진리로"라고 번역하고 있다. 영은 정신으로, 진리는 진실로 번역할 수 있다. 사마리아 여인의 질문과 예수님의 대답을 다시 한번 짚어본다. 유대인들은 예루살렘 성전에만 하나님이 계시니 예루살렘 성전에서 드리는 예배만이 하나님께서 받으신다는데, 그러면 우리가 조상 때부터 이곳에서 드리는 예배는 무엇인가라는 질문에 답하신 말씀이다. 여기서도 말고 예루살렘에서도 아니고 오직 하나님의 말씀과 정신으로, 그리고 진심으로 드리는 사람, 곧 예배자를 하나님께서 찾으신다는 것이다. 하나님께서는 예배의 형식이 아니라 하나님의 뜻대로 사는 사람을 받으신다는 것이다. 예배당이 아니라 예배자인 것이다. 예배는 근본적으로 믿는 자들의 생활이고 삶이란 가르침이다.

예수 그리스도의 정신, 곧 사랑과 평화와 의의 정신으로 진실하게 사는 것이 하나님께서 원하시는 예배이다. 아무리 웅장하고 화려하게 지은 예배당도 일개 건축물에 불과한 것이며 오히려 구제와 이웃 사랑을 외면한 불신앙적인 행태일 수 있다. 오늘 나에게 주어진 시간 속에서 이웃과 더불어 지내며 사랑과 평화와 의로움을 실천하는 것이 하나님께서 받으시는 영과 진리의 예배이다.

"**하나님은 영이시니 예배하는 자가 영과 진리로 예배할지니라** (God is spirit, and his worshipers must worship in spirit and in truth)" (요 4:24)

영은 시간과 장소를 초월한다. 하나님께서 말씀하시는 예배는 특정한 어느 시간에 어느 장소에서 드리는 예배가 아니라 나의 삶의 현장에서 이웃들과 관계 맺는 순간순간에서 드려지는 예배인 것이다. 예배당을 짓지 말고 참된 예배자가 되자.

4. 예배당의 건축

1) 교회의 교인은 300명으로 제한한다.

현대의 특성상 교회 건물을 소유하지 않기는 어렵다. 학교의 강당이나 교실, 혹은 일반 장소를 영구적으로 임대하여 사용하는 것이 이상적이나 어려울 경우 교회의 건물 소유를 고려한다. 예배의 모임은 소그룹으로 출발하지만 300명을 최대 교인 수로 한다.

2) 교인·교회의 수적 증가

소그룹에서 출발한 교회가 300명이 되면 또 하나의 소그룹 곧 작은 교회를 시작한다. 시작과 진행의 모든 경비와 인력과 장소는 직전 모교회에서 담당한다. 그러나 자립이 되면 행정적 간섭은 배제되어야 하고 개척된 개교회가 전적으로 운영한다. 단지 같은 신앙과 신념을 공유함으로 한 교회로 연결된다.

3) 소박한 교회 건물

필요에 의해 모임의 건물을 건축 혹은 구매할 경우 최소한의 필요를 만족시키는 최소한의 소박한 건물이어야 한다. 예배와 교육과 친교에 최소한의 필요성을 만족시키는 건물이면 되는 것이다. 지나친 헌금을 쏟아부어 웅장함과 화려함으로 세상의 이목을 집중시키는 것은 말씀의 정신에 위배되는 것이며 하나님께서 원하시는 것이 아니다.

5. 미래의 교회: 메타버스 교회

1) 용어

메타는 가상을 의미하며 버스는 유니버스의 줄임말로 세계, 혹은 세상이라는 의미다. 그래서 메타버스는 가상 세계이고 메타버스 교회는 가상 세계 속의 교회이다. 즉 건물이 없이 인터넷 안에서 존재하는 교회이다. 유튜브 교회와 다른 점은 현재 인터넷 교회들과 유튜브 교회들은 일방적인 설교와 교육만이 가능하지만, 메타버스 교회는 양방향, 곧 목사 혹은 교사와 메타버스 교회의 교인들이 쌍방향에서 동시에 소통이 가능하다는 데 있다. 교인들은 실제 교육실에서와 똑같이 교사에게 질문할 수 있으며 대답을 들을 수 있다.

2) '작은자 교회'는 메타버스 교회를 지향한다.

우리가 지향해야 할 교회는 메타버스 교회다. 지금 당장 완전한 실현은 어렵겠지만 현재도 어느 정도는 가능하다.

일시에 수백만의 교인들이 들어와서 현실과 같이 예배하고 배우고 친교하고 선교를 논의, 실현해 가는 교회가 메타버스 교회다. 실제 땅을 구입하고 건축을 하며 수십, 수백 억의 물질을 투자하는 교회들과 비교하면 거의 아무것도 투자하지 않고도 건물을 소유한 교회보다 수십, 수백 배의 실용성을 가지고 있다. 특히 교육 부분에는 오프라인 교회가 실현하기 어려운 규모와 현장감으로 압도하는 교육시스템을 갖출 수 있다. 점차로 교회에 나가기를 꺼리는 소위 가나안 교인들, 즉 예수님의 가르침은 따르고 싶으나 교회의 제도적 부조리와 목사들의 위선과 부정에는 동참할 수 없어서 교회에는 나가지 않는 교인들을 위해서도 필수적인 교회의 형태다. 그러나 현재 상황을 감안할 때 당장 오프라인 교회 건물을 온전히 피해 가기는 어려울 것이다. 소그룹교회 운동을 펼쳐 나가면서 메타버스 교회를 지향하지만, 총교회연합회 사무실과 같은 기능적 공간을 포함한 교회 건물은 지역적으로 필요할 것이다. 지역(District)은 도시별로 혹은 소그룹교회 수로 나누어 연합하며 작은자 공동체를 형성한다.

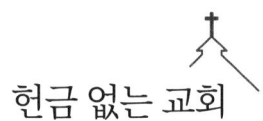
헌금 없는 교회

1. 헌금을 강조, 강요하지 않는다.

1) 철저한 자발적 헌신

헌금은 철저히 자발적인 마음으로 우러나오는 대로 하는 것이다. 규율과 관습에 얽매이는 헌금을 하나님께서는 원하시지 않으신다. 예수님께서는 누가복음에 과부의 엽전 두 냥을 칭찬하시면서 동시에 부자들의 인색함을 나무라셨다. 우리의 마음 중심을 보시는 하나님께서 헌금의 액수가 아니라 정성 된 마음, 하나님을 사랑하는 마음의 표현으로 헌금을 바라보신다. 헌금은 하나님을 향한 감사와 사랑의 마음인 것이다.

> "그들은 다 그 풍족한 중에서 넣었거니와 이 과부는 그 가난한 중에서 자기의 모든 소유 곧 생활비 전부를 넣었느니라 하시니라"(막 12:44)

오늘의 교회들은 동서양을 막론하고 교회 건물을 건축하기 위하여, 그리고 교회 건물과 시설물들을 유지하기 위하여 헌금이 필요하다. 또한 목사들과 스텝들의 보수를 위해 절대적으로 교인들의 헌금이 필요하다. 물질로 이루어진 교회가 물질이 필요하다는 점은 이해할 수 있다. 문제는 헌금을 걷는 목적이 절대 필요를 뛰어넘어 목사의 호화스러운 사치와 치부를 목적으로 한다면 이단의 행태로 봐야 하는 것이다. 무지한 신도들의 눈을 믿음과 헌신이라는 미명으로 가리고 물질을 갈취해 내어 목사가 호사를 부리고 치부하는 행태는 이단들의 상투적인 내용인 것이다. 목사가 비행기의 일등석을 타야 하고 자녀들을 외국으로 유학을 보내고 성공한 기업인들의 연봉을 받고, 최고의 집과 최고의 자동차 등 귀족화되는 것은 절대로 있어서는 안 되는 일이다. 그런 목사는 문자 그대로 타락한 목사인 것이다. 그가 교인 수를 얼마나 많이 불렸던지, 또 얼마나 큰 교회 건물을 건축했는지는 그가 누리는 호사와 치부와는 관계가 없는 것이다. 누구를 불문하고 목사는 청빈하고 겸비한 자리에서 헌신해야 하는 것이다. 목사는 공로가 있다면 주님께서 허락하신 것이고 모든 영광을 주님께 돌려야 마땅한 것이다.

'작은자교회'는 교회에 만연한 황금만능주의와 물질 숭상의 경향을 개혁하고 배제하기 위하여 세워졌다. 그 목적에 부합하는 헌금의 개념을 개혁하기 위하여 예배실 어디에도 헌금함이나 헌금 봉투 등을 비치하거나 사용하지 않는다. 그리고 예배 중에 헌금 봉헌 등 헌금에 관한 순서를 넣지 않는다. 작은자교회는 교인들의 물질적 헌신을 권고나 유도하지 않지만 막거나 부인하지도 않는다. 하나님을 행한 감사와 사랑을 물질적으로 표현하는 것을 인정하나 완전한 자발적 신앙의 부분으로 남겨놓는다. 교회에 필요한 물질은 하나님께서 공급하신다는 것이 우리의 믿음이다.

2) 헌금 방법

교회와 구제를 위해 헌금하기를 원하는 교우는 교회의 은행 계좌로 한다. 헌금은 법과 의무가 아니다. 헌금을 신앙의 법으로 주장하거나 강요하지 않는다는 의미다. 우리가 전통적으로 알고 있는 십일조, 감사헌금, 주일헌금 선교헌금 등 모든 헌금은 법이 아니라 자발적으로 무명으로 하나님께 드리는 것이다. 구약에 기록된 십일조가 오늘에도 적용되는 헌금인가는 논란이 많다. 또 구약의 이스라엘 절기와 신약의 기념 절기에 드렸던 헌금 등은 오늘날 강요할 수 없는 것들이다. 십일조를 하든 절기헌금을 하든 선교를 위한 헌금을 하든 모든 헌금은 자발적, 무명으로 하는 것을 원칙으로 한다. 무명으로 하지 않아도 교회 예배 순서지나 소식지 등 어떤 방법으로도 이름을 공개하지 않는다. 헌금은 사람에게 보이려 하는 것이 아니고 자신과 하나님과의 관계인 것이다.

2. 헌금의 목적

1) 구제

헌금은 초대교회의 정신과 전통을 이어받아 우선적으로 가난한 이웃과 교우들을 경제적으로 돕는 데 사용한다. 초대교회는 모일 때마다 정성껏 헌금을 했다. 그 목적은 가난한 교인들과 이웃을 돕기 위한 것이었다. 구제를 위해 일곱 집사를 세웠다는 사도행전 6장의 기사를 알 것이다. 사도들이 말씀에 전념하기 위해 집사들을 세웠다는 것이다. 교회는 헌금의 최우선 용도를 구제에 두어야 한다. 그 이유는 먹는 것과 같은 생활고는 인간의 가장 기초적인 고통이다. 이 고통은 사람의 목숨을 앗아간다. 가난은 복음을 접할 기회조차도 박탈할 수 있다. 이 땅에는 인간의 탐욕과 자연재해로 인한 수많은 고통과 눈물이 있다. 인간의 이기심과 탐욕은 빈익빈 부익부의 경제구조를 날로 심화시키고 있고, 권력의 탐욕에 눈먼 독재자들은 전쟁과 내전을 일으키며 수많은 국민을 죽음으로 내몰고, 그로 인한 경제적 파탄은 비참한 가난과 헤아릴 수없이 많은 눈물을 강요하고 있다. 날로 횟수가 더해져 가는 지진과 홍수와 가뭄 등과 온난화로 인한 기후변화는 종말론적 시대임을 실감하게 한다. 교회는 사랑의 치유자이다.

우리 삶을 찢어서 이 땅에 흘리는 모든 눈물을 씻어 주어야 한다. 다시는 이 땅에 생활비가 없어 어머니와 딸이, 의지할 데 없는 노인이, 그리고 희망을 잃은 가족들이 생명을 끊는 일이 없어야 한다. 수백, 수천억을 들여 웅장한 교회 건물을 짓는 것보다 먼저 교회가 눈을 부릅뜨고 찾아내어 치유해야 하는 사명이다. 무엇을 어떻게 하는 것이 Transformation(변화)인가? The Transformation of the World!(세상을 변화시킴) - 교회와 교단들의 상투적인 문구다. 그것은 뜬구름 같은 추상적인 개념이 아니라 우리의 삶의 현장에서 작은 자의 고통과 눈물을 씻어 주는 것이다.

2) 교회를 돕는 데 사용한다

복음의 교회를 세상의 물질과 안락으로 변질시키는 교회들을 정화하고 개혁하기 위한 교회가 작은자교회다. 헌금은 작은자교회의 비전을 공유한 다른 '작은자교회'의 자립과 성장을 위해 사용한다.

선교의 목적에 해당한다. 수많은 작은자교회가 세워져 처해 있는 지역사회에 사랑과 평화와 의로움을 구현시켜 나가는 복음적 목적을 수행하는 것이 선교이다. 작은자교회가 선교의 베이스캠프이기 때문에 우리는 전 세계에 작은자교회를 마지막 순간까지 건설해 나가야 한다. 그 일은 우리의 사회가 사람이 살 만한 곳으로 만드는 일이며 하나님의 나라를 확장시켜 나가는 선교다. 작은자교회는 모든 재정적 자원을 가지고 가난을 타파하기 위해 일하고 억눌린 자, 버림받은 자, 병든 자들을 위해 예수 그리스도의 사랑으로 일한다.

3) 목회자의 보수

목사 혹 교역자들에 대해 최소한의 생계비를 지급한다.

작은자교회는 목사 및 교역자들에게 그들이 처해 있는 사회의 최저 임금제에 준한 풀타임 임금을 지급한다. 하루 8시간, 일주 6일의 최저 임금을 지급한다. 그리고 공공활동과 회의참여를 교회의 재정에서 지원한다(숙식비·회비·교통비 등).

목사의 배우자는 한 사람의 동등한 교인으로 목회의 공동 사역자나 책임자로 여기지 않는다. 목사의 배우자는 생활 안정과 자녀들의 교육을 위해 다른 직업과 수입원을 갖는 것을 권장한다. 만약 자질과 교육이 인정되면 교회 안에서 풀타임 전도사나 간사로서 한 사람의 사역자로 일할 수도 있다. 사모의 삶은 독립적이어야 하며 간섭받지 않아야 함을 원칙으로 한다. 목사의 배우자라는 이유로 삶을 간섭받지도, 간섭하지도 말아야 한다.

목사는 헌신과 희생의 자세로 목회해야 하며 전적으로 교회의 재정에 자신의 생활을 의지하지 않는다. 작은자교회의 목회자는 어떤 경우라도 사치한 생활을 하지 않으며 청빈과 검소함을 덕목으로 삼는다. 작은자교회의 목회자는 세상의 부귀영화를 탐하지 않는다. 작은자교회 목회자는 교회정치나 사회정치에 참여하지 않는다. 세상의 부정과 불의에 대해 비판하고 설교할 수 있지만, 단체를 만들어 정치적 투쟁에 참여하지 않는다.

교파 없는 교회

1. 종교개혁

16세기 종교개혁 후에 유럽에서 신교(Protestantism)가 등장하기 시작했다. 장로교, 루터교, 감리교, 침례교가 근대에 들어오면서 개신교의 주류 교단으로 구교(Roman Catholic)에 대비해 자리를 잡게 되었다. 약간의 견해를 달리하는 성경해석의 차이나 지리적인 요인으로 각기 다른 교파가 생겨났다. 작은자교회는 예수 그리스도의 십자가 대속과 부활과 삼위일체 같은 성경의 기둥 같은 진리를 부인하지 않는 한 조금씩 다를 수밖에 없는 부분적인 교리들은 다 받아들이기로 한다. 삶에서 여러 가지 개인적 취향과 선호하는 것이 있는 것처럼 성경의 이해와 믿음에서 조금은 다를 수 있음을 서로 인정해야 할 것이다. 예를 들면 예지예정론과 자유의지론이라든지 천년왕국론에서 전천년설과 무천년설, 부활과 심판의 시기 등 조금씩 다른 견해와 해석을 있을 수밖에 없고, 내 생각을 너무 고집하며 주장하다 보면 논쟁과 분쟁에 빠질 수밖에 없다. 예수 그리스도의 구속과 부활을 믿는 믿음 안에서 모든 차이점은 극복될 수 있으며 한 믿음의 공동체를 이룰 수 있다고 확신한다.

그 교리적 상이점들을 극복하고 모든 그리스도인이 하나가 되는 교회로 나아가는 것이 종교개혁을 마무리하는 사명이다.

2. 교파·교조주의

오늘 한국 교회의 현실은 수백 개의 서로 소통이 없는 교파들이 존재하고 있다. 작게는 몇십 개의 교회를 회원으로 하는 교파에서부터 수만 개의 교회가 소속한 큰 교파들도 있다. 큰 교파는 작은 교파를 경시하며 무시한다. 그들은 은근히 자신들만이 정통신앙을 따르는 정통교회라고 자부한다. 어떤 목사들은 노골적으로 타 교단은 이단적인 요소를 가지고 있는 교회들이라고 가르친다. 로만 가톨릭교회가 자신들만이 정통교회라며 자부심을 갖는 것과 같은 행태인 것이다.

교파주의, 혹은 교조주의는 영어로 Dogmatism이라고 말하는데 우리 교파의 교리만이 성경적이고 절대적으로 옳은 것이라고 주장하는 것이다. 모든 종교에 도그마가 없을 수 없겠지만 도그마에도 종류가 있는 것이다. 절대로 타협하거나 양보할 수 없는 부분이 있고 나의 것을 선호하지만 다른 도그마도 근거가 있음을 인정하는 부분이 있다. 성경의 절대적 진리인 성부 성자 성령의 교리는 타협하거나 양보할 수 없는 부분이다. 십자가 대속과 부활과 심판도 그렇다. 그러나 예를 들어 믿는 자가 죽으면 즉시로 구원을 얻어 하나님 나라에 가는지 아니면 무덤에서 잠자다가 세상 끝날 이후에 가는지는 성경적, 신학적 논쟁은 할 수 있지만 구원에는 아무 영향을 미치지 않는 논제인 것이다. 예정론과 자유의지론 역시 마찬가지로 교파가 갈라져야 할 조건은 될 수 없는 것이다. 모든 교파와 교회가 골몰해야 할 것은 교리가 아니라 그리스도인의 삶이다.

교회는 어떻게 모든 그리스도인이 각자의 삶의 현장에서 예수 그리스도의 사랑과 평화와 의로움의 정신으로 욕망과 경쟁과 거짓을 몰아내고 승리할 수 있는가 하는 문제이다. '작은자교회'는 먼저 교단들이 서로 존중과 연합을 추구하는 것이다. 종국적으로는 모든 교회(이단 제외)가 하나 되어 이 땅에 하나님의 진리와 생명의 빛을 비추고 소외되고 억눌린 사람들을 돕고 세우는 선교적 사명을 감당하는 것이다. 그것이 하나님 말씀의 가르침이며 예수 그리스도의 정신인 것이다.

직분 없는 교회

1. 평신도, 집사, 장로

1) 개요

한국 교회의 장로와 집사는 교회 안의 계급처럼 수직적 개념으로 이해되고 있다. 봉사의 직이 아니라 교회 내에서 권위와 권세를 휘두르는 지위로 인식되어지고 있다. 주로 젊은 층에서 선출되는 집사는 덜하지만 장로는 일단 선출되면 그 교회 안에서는 확고한 중심 그룹에 속하게 되며 교인들도 그러한 역할을 기대한다. 교회 안에서의 솔선수범은 물론 헌금 액수에서도 전체 재정의 몇 퍼센트 정도는 감당해야 당당하게 장로의 직분을 내세울 수 있다. 교회도 세상의 한 단체로서 재정과 경영이 필요하다는 면에서 장로 제도를 활용하는 점은 어느 정도 수긍은 간다.

교회 재정에 대해 심각하게 책임의식을 갖는 사람과 목사의 목회에 적극적인 지지와 참여를 하는 사람이 절대적으로 필요한 것이다. 그러나 분명한 것은 목회협력이나 재정충당의 수단으로 장로가 존재하는 것은 아니라는 점이다. 더욱 심각한 문제는 선출된 집사와 장로가 신앙적 인품과 성경에 대한 지식을 교회 지도자답게 갖추었느냐는 것이다. 물론 신앙인격과 신앙 지식을 목회자들 못지않게, 혹은 보다 더 높고 깊게 갖춘 집사나 장로님들이 있지만 대단히 귀하고 드문 경우인 것을 나는 평생을 통해 보아왔다. 실상은 불행하게도 오늘날 각 교회에서 집사와 장로가 되는 사람들은 신앙 지도자에 걸맞은 신앙 인격과 성경과 교회역사의 지식이 많이 부족하다는 사실이다. 그들은 주로 교회에 출석한 경력과 재력과 교회 프로그램에 참여도로 신임도가 결정되며 집사와 장로로 천거된다는 것이다.

또 하나의 중요한 요소는 목사와 얼마나 깊은 유대관계를 가지고 있는가 하는 점이다. 목사에 대한 충성도이다. 아무리 신앙이 좋다는 평판을 가지고 있어도 목사에게 인정받지 못하면 집사와 장로가 되기는 쉽지 않다. 목사에게 호감과 지지가 없는 사람이 집사와 장로가 된다면 목사를 적대시하는 반대세력을 키우는 꼴이 되기 때문이다. 그는 목사의 출세 지향적 목회에 장애가 되는 세력이 되는 것이다. 그래서 요즘 교회의 직분자들, 특히 장로를 선출하는 것은 거래의 측면이 강하게 작동하고 있다. 먼저 목사를 지지하며 순종하는지의 척도가 선출의 중요한 요인이 될 것이다. 그다음은 재정적 능력이 척도가 된다. 선출에 대한 감사로 몇천만, 몇억원의 헌금을 드려야 하고 이후 십일조와 여러 헌금으로 교회 재정에 이바지할 것이 장로의 일순위 조건으로 내정되어 있다.

2) 집사의 시작

집사는 초대교회인 예루살렘교회에서 사도들을 대신하여 구제를 담당할 신실한 사람들로 선출되었다. 사도행전 6장에 7명의 초대 집사의 이름이 등장한다. 스데반 집사, 빌립 집사, 브로고로 집사, 니가노르 집사, 디몬 집사, 바메나 집사, 니골라 집사다. 그들은 믿음과 성령이 충만한 사람들이었다.

> "형제들아 너희 가운데서 성령과 지혜가 충만하여 칭찬 받는 사람 일곱을 택하라 우리가 이 일을 그들에게 맡기고"(행 6:3)

> "온 무리가 이 말을 기뻐하여 믿음과 성령이 충만한 사람 스데반과 또 빌립과 브로고로와 니가노르와 디몬과 바메나와 유대교에 입교했던 안디옥 사람 니골라를 택하여"(행 6:5)

오늘 거의 모든 교회는 평신도들 가운데서 집사와 장로를 선출하여 교회의 제반 분야에 참여시키고 있다. 그러나 그들이 믿음과 성령과 지혜(신앙지식)가 충만한 사람들 가운데서 뽑히는 신자들인가는 거의 동의하고 있지 않을 것이다. 특히 집사의 경우 거의 초신자 수준의 사람들이 선출되는 경우가 대부분이다. 그러나 성경에서 보다시피 원래 집사들은 구제뿐만 아니라 전도와 신앙생활에 모범이 되는 사람들이었고 그 수준이 지금의 목사들 못지않은 복음전도자의 역할을 담당한 사람들이었다. 우리는 집사를 다른 일을 하지 않고 전적으로 헌신하는 목사나 선교사의 직위로 해석해야 할 것이다. 그러므로 작은자교회에서는 평신도 가운데 집사를 세우지 않는 것을 원칙으로 한다.

> "이와 같이 집사들도 정중하고 일구이언을 하지 아니하고 술에 인박히지 아니하고 더러운 이를 탐하지 아니하고 깨끗한 양심에 믿음의 비밀을 가진 자라야 할지니 이에 이 사람들을 먼저 시험하여 보고 그 후에 책망할 것이 없으면 집사의 직분을 맡게 할 것이요"(딤전 3:8~10)

3) 장로

구약에서부터 장로의 직책이 있었다. 구약의 장로는 각 부족의 연장자들로 그 부족의 대표성을 갖고 존경과 신뢰를 받던 노인들이었다. 그 이후 예수님 시대에도 유대교의 존경받는 원로 신앙인으로 서기관과 바리새인들과 함께 늘 등장하는 직책이다. 초대교회에서도 장로는 지역의 많은 교회들을 다스리는 감독이 되는 직분이었다. 오늘날 성경의 지식도 충분하지 못한 사람들이 교회 출석의 경력과 재정적 능력과 사회적 지위 때문에 장로의 직을 받는다는 것은 하나님께 죄송한 것이며 비성경적인 일이다. 장로직은 예수님의 동생으로 예루살렘교회의 지도자가 된 야고보가 장로라 칭해진 것이나 베드로 같은 사도들도 스스로를 장로라 불렀던 것처럼 단일 교회가 아니라 지역의 많은 성도의 신앙의 지도자이며 여러 교회의 신앙적, 행정적 지도자의 위치인 것이다.

"너희 중 장로들에게 권하노니 나는 함께 장로 된 자요 그리스도의 고난의 증인이요 나타날 영광에 참여할 자니라"(벧전 5:1)

디모데전서 3장에는 감독직에 대한 선출 기준이 기록되어 있다. 감독직은 시간이 좀 흐른 뒤에 생겨났으며 장로 중에서 선출되었던 것으로 추정된다. 장로와 동일한 직으로 여기면 될 것 같다.

"그러므로 감독은 책망할 것이 없으며 한 아내의 남편이 되며 절제하며 신중하며 단정하며 나그네를 대접하며 가르치기를 잘하며 술을 즐기지 아니하며 구타하지 아니하며 오직 관용하며 다투지 아니하며 돈을 사랑하지 아니하며 자기 집을 잘 다스려 자녀들로 모든 공손함으로 복종하게 하는 자라야 할지며 (사람이 자기 집을 다스릴 줄 알지 못하면 어찌 하나님의 교회를 돌보리요) 새로 입교한 자도 말지니 교만하여져서 마귀를 정죄하는 그 정죄에 빠질까 함이요 또한 외인에게서도 선한 증거를 얻은 자라야 할지니 비방과 마귀의 올무에 빠질까 염려하라"(딤전 3:2~7)

2. 평신도 직제로서의 장로와 집사

1) 성경에서 말하는 집사와 장로

　현 교회 제도에서 집사와 장로는 평신도에서 선출되는 것인데 성경에서 말하는 집사와 장로는 평신도 직급이 아니다. 우리가 잘 아는 스데반 집사, 빌립 집사는 세속적 직장이나 일을 주로 하며 나머지 시간에 복음을 전하는 사람들이 아니었다. 전적인 복음 전도자들이었으며 그리스도의 제자들이었다. 스데반 집사는 예수 그리스도를 전하다 순교한 분이며 빌립 집사는 광야에서 에티오피아 재정 대신에게 세례를 베풀고 예수 그리스도를 전했고 사마리아 지방에 복음을 전파한 유명한 복음 전도자이며 선교사였다. 장로에 대해서는 말할 것도 없다. 장로는 원래 한 교회뿐만 아니라 지역의 여러 교회를 치리하던 요즘의 감독이나 총회장과 같은 직분이라 말할 수 있다. 분명 세속적인 직업을 가진 평신도가 아니었다. 예수님의 제자, 곧 사도들도 장로라 칭함을 받았고 스스로 자신을 장로라 칭했다. 장로 직분 역시도 오늘날에는 집사 중에서 좀 더 오래 믿은 사람 내지는 재력이 있는 사람이 장로로 선출된다.

　오늘날 신학적 이해와 성경적 지식이 부족한 평신도들이 집사와 장로의 직을 명예로 알고 받기를 원하고, 또 직분을 받은 후에는 교회를 주도하고 주인 노릇을 함으로 인해 교회와 목회가 잘못된 방향으로 나아가고 있다. 신학적 훈련과 성경의 지식을 습득한 목사들도 교회의 올바른 비전을 수립하지 못하고 하나님의 말씀과 그 말씀의 정신에 기초하지 않는 목회로 교회를 세속화시키고 반사회적 방향으로 끌고 나가는데 평신도들이야 말해 무엇하겠는가?

성경적 지식과 신학적 지식이 없는 평신도들이 목회 방향에 영향을 주게 되면 교회는 본질과 사명을 잃어버리게 된다. 평신도의 목회 참여를 배제하자는 의미가 아니다. 평신도들은 교회를 걸머지고 나갈 만큼의 성경지식과 세상과 인간에 대한 이해를 공부하고 훈련받아야 한다는 의미이다.

평신도들은 세속적 환경에서 투쟁하며 경쟁에서 살아가는 사람들이다. 그들 대부분의 가치관은 물질적이며 현세적일 수밖에 없다. 그들은 초대교회의 순교정신과 비타협적인 믿음을 추구하기보다 교인의 숫자와 헌금의 분량에 초점을 맞춘 세속적 가치관의 목회와 메시지를 선호하여 목사에게 영향을 미치게 된다. 거기다가 세속적 출세와 물질을 좋아하는 목사가 결합되면 교회는 천박한 자본주의 논리와 기복신앙으로 전락하고 만다. 오늘날 우리가 흔히 볼 수 있는 교회의 모습이다. 교회는 먼저 교회의 일원이 된 평신도들을 말씀의 정신으로 무장시켜야 한다. 세속적 기복주의와 말씀의 정신이 결여된 잘못된 신비주의 신앙을 깨뜨리고 바른 하나님 말씀의 가치관을 가진 성도로 세워야 한다. 그 길이 교회가 바로 서서 사명을 감당하는 길이다.

이제 교회는 바른 집사와 장로관을 확립하고 목회자는 목회자의 역할과 평신도는 평신도의 역할을 바로 수행함으로 하나님이 원하시는 이 땅에 빛과 소금의 역할을 감당하는 교회로 변화돼야 할 것이다.

2) '작은자교회'는 원칙적으로 평신도 집사, 장로의 직제를 두지 않는다.

모든 교인은 그리스도 안에서 형제와 자매이며 동등한 믿음의 가족들이다. 거기에는 목사도 포함되어 있다. 목사는 구약의 제사장이 아니다. 하나님과 백성들의 중간 역할을 하는 자가 아니다. 목사는 신학과 성경을 전문적으로 배운 자로서 교인들에게 하나님의 말씀을 가르치고 영적 가치관을 심어주는 역할을 할 뿐이다. 안수받고 가르치는 일을 한다는 것이 구원받은 자임을 증명하는 것도 아니고 거룩한 자임을 보증하는 것도 아니다. 목사도 하나님 앞에서 구원의 완성을 위해 자신을 부인하고 성화의 과정을 걸어가는 모든 교인과 동일한 성도이다. 목사직은 세상의 모든 직업과 동등한 직업이다. 하나님께서 목사직에 권위를 부여하시는 것이 아니며 축복권 같은 권위를 주시는 것도 아니다. 목사들은 목사이기에 권위와 특권이 있다는 생각을 버려야 한다. 예수님께서 말씀을 가르치심과 실천하는 삶으로 권위가 나타나는 것처럼 목사들은 평신도들보다 청렴과 헌신의 삶을 살 때 존경을 받게 되며 그 권위를 인정받을 것이다.

통전적 영성의 교회

1. 하나님 나라의 구현

1) 헛된 신앙

하나님의 나라를 이 땅에 구현한다는 것은 하나님 말씀의 가치관을 이 사회의 모든 사람에게 심는다는 것이다. 계시된 말씀을 통한 하나님의 뜻과 말씀의 정신은 사랑과 평화와 의로움과 자유함이다. 그것은 그리스도의 정신이며 가르침이고 우리 성도들의 삶의 가치관인 것이다. 우리는 하나님의 뜻이 이루어진 곳이 하나님의 나라임을 믿으며 그 하나님의 나라를 이루기 위해 우리의 삶에 주어진 모든 것을 통해 우리의 삶의 현장에서 하나님의 뜻을 구현하려 힘쓰는 사람들이다. 지구상의 모든 민족과 인종과 종족들이 하나님만을 섬기는 완전한 선교가 이루어질 때까지 성도들은 선교에 힘쓴다. 성도들은 라인홀드 니버가 얘기한 것 같이 "Impossible possibility" - "불가능한 가능"을 향하여 사는 것이다.

오늘 이 땅의 성도들이 하나님의 말씀과 그 말씀의 정신을 바로 깨닫지 못하여 교회에 출석하는 것과 헌금하는 것과 교회가 행하는 몇몇 프로그램에 참여하고 전도지를 나누어 주는 것 등이 신앙생활의 전부라고 생각한다. 그리고 모여서 열광적으로 찬양하고 통성과 방언으로 미친 듯 기도하고 환상을 보며 예언을 한다. 그런 모습을 교회 밖의 사람들은 비상식적이고 이해하기 힘든 행태를 한 미신적인 신앙 형태로 생각하고 그것이 하나님을 믿는 사람들의 모습이며 그 모습은 대단히 폐쇄적이고 미신적이며 거의 반사회적 집단이라고 생각하게 된다. 교회 밖의 사람들은 그런 교회의 모습을 존중하지 않을 뿐만 아니라, 이 사회에 이득이 되지 않는 집단으로 생각하고 주시하며 기회만 있으면 정리, 분쇄되어야 할 집단이라고 여기고 있다.

불행하게도 이 세상 사람들의 인식과 지적은 정확한 것이다. 성경 찬송을 들고 교회에 출석하며 십일조를 하고 거기다가 자신들의 피와 같은 재산을 던져서 화려한 예배당을 건축하고, 목사들은 모든 신자에게 재정의 짐을 짊어지게 하여 기발한 방법으로 돈을 착취한다. 모여서 방언을 하고 환상을 보며 경건한 모습으로 전도지를 나누어 주며 선교 여행을 한다고 많은 돈을 들여서 외국여행을 다닌다. 그리고 믿지 않는 사람들에게 예수님을 안 믿으면 영원히 불에 타는 지옥에 떨어질 것이라고 협박 같은 것을 전도라고 하고 다닌다. 하나님을 잘 알고 하나님과 굉장히 가까운 것 같은 그 사람들은 성경에 의하면 절대로 하나님을 아는 자들도 아니고 관계있는 자들도 아니며 하나님을 헛되이 믿는 자들인 것이다. 예수님 이후에 예배당을 짓는 것이 하나님을 기쁘시게 하는 길이고 헌금을 열심히 하는 것이 이 땅을 하나님 나라로 만드는 일이라고 쓰여 있는 말씀이 있는가? 방언하고 환상을 보며 예언을 하는 것이 아주 깊은 영적 신앙생활이라고 성경말씀에 있는가?

오히려 예수님께서는 자신의 이름으로 선지자 노릇을 하고 귀신을 쫓아내고 권능을 행한 사람들이 하나님의 뜻대로 살지 못할 때 예수님과 관계없는 자들, 곧 하나님 나라에 들어갈 수 없는 자들이 된다고 말씀하셨다. 하나님 나라에 들어가는 사람들은 이웃을 사랑하고 이웃과 화목과 평화를 위해 노력하며 불이익을 당하더라도 거짓 없는 진실된 삶을 사는 사람들이라고 선포하셨다. 바로 소외당하고 병들고 가난하고 억눌린 사람들이 우리의 이웃이며 그들을 위해 나의 작은 삶을 나누는 마음과 행위가 바로 하나님의 뜻대로 행하는 것이다. 그 하나님의 뜻대로 산 사람들만이 하나님 나라에 들어간다고 말씀하셨다.

그들은 인류가 기억할 만한 대단한 일들을 한 사람들이 아니다. 강도 만난 자를 도와준 이방인 사마리아 사람이었으며 이웃을 향하여 자기 재산을 나누고 불의한 행위를 수정하고 진실되게 살겠다고 결심하는 삭개오와 같은 사람들이다. 오늘도 구원받는 자들은 이 사회의 정치 사회 문화 예술 교육, 그리고 평범한 직장과 일터 등 모든 곳에서 높은 지위든 낮은 지위든 자신이 처해 있는 생활의 현장에서 예수 그리스도의 가르침, 곧 예수 그리스도의 정신인 사랑과 평화와 의로움으로 사는 사람들임을 예수님은 가르치시고 있다. 하나님의 나라는 이런 사람들의 것이라고 선포하고 있다. 그리고 예수 그리스도의 정신으로 사는 사람들의 작은 삶이 모여 이 땅에 하나님의 나라를 확장 시켜 나가는 것이다.

2) 하나님을 전적으로 의지하는 교회

신약성경과 구약성경이 가르치는 하나님을 섬기는 길은 동일하다.

> "사람아 주께서 선한 것이 무엇임을 네게 보이셨나니 여호와께서 네게 구하시는 것은 오직 정의를 행하며 인자를 사랑하며 겸손하게 네 하나님과 함께 행하는 것이 아니냐"(미 6:8)

> "너는 마음을 다하여 여호와를 신뢰하고 네 명철을 의지하지 말라 너는 범사에 그를 인정하라 그리하면 네 길을 지도하시리라"(잠 3:5, 6)

믿는 자의 마음은 자신의 지혜와 지식을 신뢰하지 않는다. 먼저 하나님을 인정하는 마음이다. 내 삶의 경험과 지식의 판단은 다른 길을 가리키지만, 말씀 정신의 길이 아니라면 하나님의 말씀에 순종하여 결단하는 삶의 자세다. 그것이 범사에 하나님을 인정하는 것이다. 이것이 믿음이다. 그리스도인들은 자신의 지식과 경험에만 의존하여 어떤 일을 성공적으로 이루었다면 그것은 실패한 사건이며 비록 물질과 명예를 얻지 못하였다고 해도 하나님의 말씀과 그 정신에 의거해 결정한 일이라면 그 일은 성공한 것이다. 믿음은 살아 계신 창조주 하나님을 인정하는 것이며 그 하나님을 신뢰하여 나의 모든 것을 맡기는 것이다. 비합리적, 비과학적, 비이성적, 비상식적일 경우일지라도 하나님 말씀의 길과 뜻이라면 신뢰하여 맡기는 것이 믿음이다. 그때 우리가 늘 즐겨 쓰는 성령의 역사, 인도하심이 나타나는 것이다. 내 삶에 하나님의 나라가 체험되어지는 것이다. 이 믿음의 그리스도인들이 수를 더해 갈 때 이 땅에 하나님 나라의 능력과 기쁨이 힘 있게 확장되어 나가는 것이다.

누가 보이는 것, 만질 수 있는 것을 믿지 않겠는가? 믿음은 보이지 않는 것을 믿는 것이다.

> "믿음은 바라는 것들의 실상이요 보이지 않는 것들의 증거니"(히 11:1)

보이지 않는 하나님의 세계와 성령의 역사는 초과학적이며 초이성적인 것이다. 우리의 믿음은 우주만물을 말씀으로 창조하신 창조주 하나님의 섭리와 능력을 믿는 것이다. 믿음이 있다는 사람들은 인간의 이성과 과학을 뛰어넘는 하나님의 역사를 전적으로 의지하는 것이다. 인간과 사회의 상식을 무시하자는 의미가 아니다. 믿음도 교회의 운영도 사람의 지식과 경험에 의해서만 되는 것이 아니라는 의미다. 오늘의 교회가 회사를 경영하는 것 같은 마음과 지식으로 운영하니 성령께서 일하실 자리가 없는 것이다. 다시 말하면 성령의 역사가 없다는 것이다. 일꾼을 세울 때도 기도보다는 경력과 인기로 전도나 선교의 계획도 말씀과 기도가 중심이 되지 못하기 때문에 열매가 없는 것이다.

하나님을 전적으로 의지한다는 의미는 무슨 일이든 하나님 말씀의 근거를 찾아 순종하는 것이고 계획에 앞서 기도하는 믿음의 신실함을 선행한다는 것이다. '작은자교회'는 말씀과 기도를 사람의 상식과 경험과 지식보다 선행하는 믿음의 교회가 될 것이다.

2. 통전적 영성(Wholistic Spirituality)을 기르는 길이다.

1) 영성

영성은 그리스도의 정신을 실천하는 능력과 지혜이다. 하나님 말씀의 정신을 실제의 나의 생활에서 적용하며 살 수 있는 능력이다. 영성은 내적 영성과 외적 영성으로 나눌 수 있다. 물론 영성은 나눌 수 없는 하나이다. 그러나 전체적 영성이 왜곡되거나 한 부분에 편중되어 하나님의 뜻이 나타나지 못하면 그 문제점들을 바로 인지하고 수정하기 위해 내적 부분과 외적 부분으로 나누어 점검해 보는 것이다.

한국 교회는 특별히 내적 영성이 깊고 풍성한 교회라 할 수 있다. 한국 교인들은 영성의 큰 뜻은 잘 설명하지 못하지만, 구체적인 기도와 은사의 부분들은 잘 알고 있다. 새벽기도, 철야기도, 금요철야기도, 산상기도, 부흥회 등 기도하면 한국 교회를 따라갈 교회가 전 세계에 어디 있겠는가? 한국 신도들은 열정적인 기도의 장소에서 방언, 환상, 신유, 입신 등의 초상식적인 기적을 체험하고 교회에 헌신하기 시작했다. 궁핍과 몰이해의 열악한 환경 속에서 교회를 개척하고 성장시키고 예배당을 지었다. 70년, 80년대의 한국 교회의 숫자적 부흥은 문자 그대로 폭발적인 성장이었다. 세계 교회 역사에서 찾아볼 수 없었던 사례였다. 그 수적 부흥은 기도의 물결에 힘입은 결과였다. 그러나 90년대에 들어서면서 그 숫자적인 성장 곡선은 하향세를 그리기 시작했다. 2천년대에 들어서서는 급격한 하향 곡선을 그리고 있다. 부르짖어 기도하던 많은 교인이 교회를 등지고 가나안교인들이 되어가고 일부는 성당(로마 가톨릭) 등 다른 종파로 옮기는 일들이 일어났다. 특별히 신천지와 같은 이단 집단들에 포섭되는 비극이 많이 일어났다.

오늘 2020년대에도 한국 교회의 교인 숫자는 반등의 기미는 커녕 몇 년 후에는 교회라는 존재가 아주 미미한 집단으로 전락하지 않을까 하는 우려를 자아내고 있다. 단언컨대 한국 교회가 바른 성경적 영성으로 돌아서지 않는 한 교회의 영적, 수적 부흥은 다시 오지 않을 것이다.

교회는 언제나 올바른 영성을 가르치고 그 위에 서지 못하면 몰락의 위기를 겪었다. 사사기 시대가 단적인 예이다. 먹고살 만하고 평안을 누리면 이스라엘 백성들은 하나님 여호와를 잊어버리고 이방신들을 섬기며 타락했다. 하나님께서 채찍을 내리시면 그때야 회개하고 하나님께 매달렸다. 그러면 하나님께서 사사, 곧 백성의 지도자를 세워 이방민족의 핍박에서 구해내시어 평화를 이루게 하셨다. 시간이 흐르면 이스라엘 백성들은 또 하나님을 잊어버리고 타락했다. 그러면 또 다른 이방 민족들이 일어나 이스라엘 백성들을 괴롭히고, 또 사사를 세우시고, 억압에서 해방 시키시는 반복적인 신앙의 역사를 우리는 본다.

하나님을 범사에 인정하고 의지하는 것이 올바른 영성이다. 그것은 기도만을 의미하지 않는다. 그것은 기도를 포함한 하나님 말씀 전반에 대한 순종을 의미한다. 이 올바른 영성을 회복할 때 교회가 사는 것이다. 내적인 영성, 곧 찬양과 기도와 영적 체험으로 초월적이고 기적적인 영적 능력을 체험하는 것만이 아니라 이웃을 사랑하고 의롭게 살며 평화하라는 말씀을 실천하는 영적 능력을 외적 영성, 혹은 사회적 영성이라 할 수 있을 것이다.

2) 외적 영성

외적 영성이란 한마디로 내적 영성을 나와 이웃에, 삶의 현장에 올바르게 적용하는 능력이다. 예수 그리스도를 만나 살아 계신 하나님을 알게 되고 성경의 가르치는 가치관이 나의 가치관이 되어 나의 삶의 모든 관계에 적용하는 행위다. 매일 부르짖는 기도와 말씀을 읽고 공부하고 묵상하는 과정에서 형성되는 거룩한 품성과 가치관을 교회 밖의 생활, 곧 이웃들, 곧 가족, 직장 동료, 친구들,

사업의 파트너와 고객들, 내가 만나고 관계 맺는 모든 사람과의 일상에서 구현시키는 마음과 능력인 것이다. 바른 영성은 예수 그리스도의 정신을 구현하는 능력이다. 곧 하나님의 말씀에 기꺼이 순종하며 사는 능력이다.

　　오늘 한국 교회의 가장 크게 결여 된 부분이 바로 외적 영성이다. 내적인 영성과 하나 된 사회적 영성, 곧 통전적 영성인 것이다. 한국 교회는 내적 영성을 분리하여 강조하고 거의 강제하는 교회다. 교인들에게 기도를 강조한다. 기도를 강조하는 것은 당연한 것으로 문제일 수는 없으나 말씀에 기초하지 않은 미신적인 기원의 기도가 문제가 되는 것이다. 한국 교회는 수천 년을 내려오는 기복적이고 주술적인 기도와 신비를 하나님 신앙과 자연스럽게, 그리고 재빠르게 혼합시켰다. 특히 교인의 숫자적 증가를 경험했던 6, 70년대에 사회의 캐치프레이즈였던 "우리도 한번 잘 살아보세"의 구호와 함께 한국 교회는 하나님께 부르짖어 이 세상에서도 부귀를 누리고 육신의 병도 치유 받자는 신앙 현상이 전국적으로 두드러지게 나타나기 시작했다. 이 현상의 독보적인 존재로 세계 최대의 교회를 이룩한 C 목사가 있다. 그리고 그를 롤모델로 삼고 나도 한번 수만 명의 교회를 이루어 부와 명예를 쟁취해 보겠다는 목사들과 그 신앙에 동조하는 교인들이 한국 교회의 숫자적, 물량적 부흥을 이루었다는 점을 우리는 부인할 수 없을 것이다. 오늘날 교회의 무너지는 곡선이 가파름은 70년대의 빠른 숫자적 부흥의 곡선과 비율을 같이 하고 있다. 소위 거품이 빠져나가는 현상이다. 신앙의 거품, 기독교 영성의 거품이 걸러지고 가라앉는 당연한 현상인 것이다. 세계 10대 경제 선진국이 되고 세계적인 의술과 병원들이 즐비하게 경쟁하는 시대에 "우리도 한번 잘 살아보세"의 구호와 병의 치유를 위해 금식하며 기도하는 열기는 식을 수밖에 없는 것이다. 교회에서 교인들이 빠져나가고 그로 인해 헌금이 줄어드는 현상이 교회의 무너짐이라고 생각하지는 않는다. 교회와 목사들이 회개하고 하나님의 진리와 생명의 말씀 위에 바로 기초를 세우는 시기가 도래했다고 나는 생각한다. 이때를 놓치면 한국교회는 얼마나 더 오랜 세월을 암흑 가운데 지내야 할지 모른다. 나는 이미 세계 곳곳에서 하나님 진리의 말씀에 기초하여 하나님을 기쁘시게 해 드리려는 교회들이 자라나고 있음을 느낀다. 교회의 새 시대가 도래한 것이다. 아니 하나님 말씀의 원정신으로 돌아가는 운동의 기운이 용솟음치기 시작한 시대가 온 것이다.

　이 시대의 새 교회는 바른 영성, 통전적 영성에서부터 시작되는 것이다. 신비주의적인 개인의 영성에서 우리의 사회와 나라와 민족을 하나님 말씀의 가치관, 곧 사랑과 평화와 의로움으로 바로 세우는 외적 영성이 하나가 된 통전적 영성이 우리 민족과 나라를 책임지게 될 것이다. 교회와 사회가 소통하고 교회와 정치와 문화가 소통하여 하나님의 진리와 생명의 가치관이 통용되는 사회로 변화되어 가는 것이 하나님의 나라를 이 땅에 건설하는 선교인 것이다.

　교회에서 성경적 본질인 통전적 영성이 가르쳐지고 교인들한 사람 한 사람이 하나님 진리의 가치관을 가지고 자신들의 삶의 현장인 경제, 문화, 정치, 교육 등 모든 분야에서 실천해 나갈 때 교회는 이 땅에 빛과 소금의 역할을 수행하는 영적 기관으로 사명을 감당하고 세상으로부터 존경과 신뢰를 회복할 것이다.

소통하는 교회

1. 소통은 신앙의 본질이다.

소통은 신앙의 본질이며 기초이다. 하나님께서는 원래 창조 때부터 성자와 성령과 소통하시는 분임을 보여 주신다. 하나님께서는 성자와 성령과 교통하시고 우리 인간들과 교통하시기를 원하신다. 성경이 말씀하는 교통, 즉 친교(Fellowship)이다. 성도들의 삶은 성부 성자 성령과 교제하며 교통하는 삶이다. 그것이 신앙생활이다. 모든 신앙생활의 문제는 성령과의 소통이 곤란을 겪을 때 일어나는 것이다. 성령 하나님께서는 모든 순간 성도와 함께하시며 하나님의 선하신 뜻을 알려주시고 그 뜻 가운데로 우리가 걸어가길 원하신다. 우리는 말씀과 기도를 통하여 성령과 교제하며 하나님의 뜻을 깨닫고 실천해 나가는 과정에서 성령과의 교제가 더욱 깊어지고 소통이 온전을 향해 가는 역사가 일어나게 되는 것이다. 성령을 통하여 아버지 하나님과 주 예수 그리스도와 소통이 온전해지는 것이 구원인 것이다.

> "우리가 보고 들은 바를 너희에게도 전함은 너희로 우리와 사귐이 있게 하려 함이니 우리의 사귐은 아버지와 그의 아들 예수 그리스도와 더불어 누림이라" (요일 1:3)

> "그들이 사도의 가르침을 받아 서로 교제하고 떡을 떼며 오로지 기도하기를 힘쓰니라" (행 2:42)

초대 교회의 성도들이 모여서 애찬을 나누며 교제하며 기도에 전념하는 모습이다. 그들의 교제는 온전한 소통의 모습을 보여주고 있다. 말씀의 배움 위에 서로 교제, 곧 사랑 가운데 먹는 것을 나누고 기도에 전념하는 모습은 그리스도인의 신앙생활 전체를 보여 주는 모습이다. 바로 하나님 아버지와 주님 예수 그리스도와 성령과 성도들 안에 사랑의 소통이 이루어진 소통의 모습인 것이다. 소통은 신앙의 구원이며 신앙생활의 참모습인 것이다.

2. 이 땅과 소통하는 교회

1) 메시아 선언

당신이 오실 그 사람입니까? 당신이 우리가 몇천 년을 기다리던 메시아, 그리스도입니까? 제자들을 보내어 물어왔던 세례 요한의 질문에 예수께서는 자신이 한 일들을 나열하시면서 대답을 대신하셨다.

> "맹인이 보며 못 걷는 사람이 걸으며 나병환자가 깨끗함을 받으며 못 듣는 자가 들으며 죽은 자가 살아나며 가난한 자에게 복음이 전파된다 하라"(마 11:5)

> "주의 성령이 내게 임하셨으니 이는 가난한 자에게 복음을 전하게 하시려고 내게 기름을 부으시고 나를 보내사 포로 된 자에게 자유를, 눈 먼 자에게 다시 보게 함을 전파하며 눌린 자를 자유롭게 하고 주의 은혜의 해를 전파하게 하려 하심이라 하였더라"(눅 4:18, 19)

주님이 하시고 있는 일이고 하시려 하는 일들이었다. 예수 그리스도께서는 병든 자들을 고쳐주시고, 영적으로 보지 못하는 자를 보게 하시고, 앉은뱅이를 일으키고 가난한 자들에게 하나님 나라의 소망을 주셨다. 그리고 일방적 선포와 베풂으로 끝난 것이 아니라 자신의 삶의 전부를 그들을 위하여 내어주심으로 사랑을 통한 완전한 소통을 이루시고 가르쳐 주셨다. 오늘 가진 자들이 자신의 이익과 안락만을 추구하고 가난한 자들과 억눌린 자들을 외면하기에 이 땅에 참된 소통이 없는 것이다. 부를 가진 자와 가난한 자, 권력을 가진 자와 힘이 없는 자, 그리고 지식을 가진 자들과 무지한 자들의 연결 고리는 무엇이고 소통과 나눔은 어떻게 이루어지는가? 어느 나라, 어느 사회도 다른 계급이나 계층의 소통과 나눔과 공존은 없다. 그 간극을 사람들의 양심과 사회의 법으로는 메꿀 수 없기에 이 땅에 폭력과 범죄가, 그리고 증오와 다툼이 끊이지 않는 것이다.

교회는 이 간극을 연결하는 사명의 공동체다. 교회는 메꿀 수 없는 사람과 사람, 사람과 사회의 간극을 믿음과 희생적 사랑으로 메꾸고 소통의 통로가 되는 영적 공동체인 것이다. 이 사명을 감당할 때 세상은 교회를 바라보며 교회가 이 세상의 빛과 소금임을 인정하며 참 길임을 공감하고 그 공동체의 일원이 되기를 자원하는 것이다.

오늘 교회들은 사회의 어두운 부분을 밝히기 위해 봉사하며 도움의 손길을 제공한다. 그러나 그 구제와 봉사들은 대부분 형식적이고 단기적이며 일방적이다. 가장 중요한 것은 깊은 사랑의 공감이 빠져있는 점이다. 구제와 봉사의 대상이 되는 사람들은 깊은 감사의 마음보다는 형식적인 감사로 봉사자들과 교회를 대한다. 구제에 사랑의 소통이 빠져있기 때문이다. 교회들의 단기 선교도 마찬가지이다. 며칠 가서 먹여주고 구제품들을 나눠 주고 준비된 프로그램을 진행하고 돌아오는 행사에 누가 선교라는 단어를 붙였는지 알 수가 없다. 선교는커녕 다른 차원의 옷과 치장들, 넘치는 건강미와 괴리감이 느껴지는 지성들은 오히려 위화감과 모멸감까지 남기는 부분이 있음을 간과하면 안 될 것이다. 그것은 동정이고 베풂이지 소통이 아니다. 선교는 위에서 아래로 베푸는 행위가 아니라 너의 삶의 현장에서 나를 내어줄 때 이루어지는 것이다.

　예수님께서 우리의 그리스도가 되시고 온 인류를 구원하시는 사역을 성취하심이 신적 능력을 보여 주심과 놀라운 가르침에서만이 아니라 자신의 생명까지 내어줌으로 이루어진 것이 아닌가? 이것이 참 소통인 것이다. 소통은 나를 내어줌으로 이루어지는 것이다. 나의 안락과 쾌락과 영광은 따로 떼어 놓고 여분의 물질과 감정으로 소통하겠다는 것은 소통의 본질을 전혀 이해하지 못하는 소치이다. 전도지 전도가 왜 효과를 거두지 못할까? 소통이 없는 사람이나 계층이 다른 신앙과 문화를 전할 때 선뜻 응할 수 있는 사람이 몇이나 되겠는가? 세상의 상업 전단지 같이 반강제로 쥐여주는 전도지, 그것도 설명도, 질문도 받지 않는 일방적인 선포에 반응하는 문화와 세상에 우리가 살고 있는가? 예수의 도가 전해지는 것은 일시적이고 일방적인 선포와 행사를 통해서 이루어지는 것이 아니다. 지속적인 그리스도인과 교회의 삶에 모습을 보여 주고 그 삶이 믿지 않는 저들과 하나 되려는 사랑과 희생이라는 것이 어렴풋이나마 인지될 때 저들은 교회의 초대에 손을 내밀어 잡아주는 것이다. 작은 소통의 문이 열리기 시작하는 것이다.

2) 빛과 소금의 교회 역할

　교회가 서야 할 땅은 어디인가? 강남의 웅장하고 화려한 곳에 우뚝 선 교회들 그곳은 교회의 자리가 아니다. 그곳에 있으나 교회는 그곳에 존재하지 않는다. 장소를 말함이 아니다. 강남 한복판이나 시골이나 교회는 이 땅의 빛과 소금으로 서지 못하면 그 교회는 존재하지 않는다. 어디에 있건 교회가 이웃과 사회에 빛과 소금으로 녹아 들어가는 하나 됨, 곧 소통할 때 그 교회는 존재하는 교회가 되는 것이다. "사람이면 다 사람인가, 사람다워야 사람이지"라는 말과 같이 교회면 다 교회인가, 교회다워야 교회가 되어가는 것이다.

교회다운 교회는 병과 가난과 억눌림에서 이웃들을 자유케 하는 교회다. 교회가 헌금을 모아 그중의 일부로 돕는 게 아니고 교회가 교회를 던지고, 버리고 죽을 때 자유하게 됨의 역사는 일어나는 것이다. 교회의 빛과 소금의 사명인 것이다. 빛은 어두운 곳을 밝히는 것이고 소금은 치유하고 변화시키지만 자신은 그 속에서 녹아 사라지는 존재이다. 교회가, 그리스도인들이 여분의 베풂이 아니라 자신을 내어줌으로 이 땅의 작은 자들, 가난하고 병들고 소외되고, 억눌린 자들의 참 이웃이 될 때 나 자신과 이 땅을 구원하는 참 소통의 교회가 되어갈 것이다.

하나님 나라에 사는 법을 가르치는 교회

1. 하나님 나라는 어떤 나라인가?

성경에 하나님 나라의 구체적인 모습은 나와 있지 않다. 그 이유는 분명하다. 인간의 언어로 묘사할 수도 없고 설명해 주어도 우리가 이해할 수도 없는 나라이기 때문이다. 사도 바울도 삼층천, 곧 하나님이 계신 하늘에 다녀온 체험을 인간의 필설로 표현할 수 없는 말을 들었다고 했다. 다시 말하면 표현할 수가 없다는 것이다. 인간에게 '없음' 곧 '무'의 개념이 온전히 이해되지 않는 것과 같다. 인간들은 '무'라는 상태를 체험할 수 없다. 그 어느 것, 어느 곳에도 무는 없는 체험될 수 없는 상태이기 때문이다. 그저 무의 개념을 가상하고 추측해서 사용하고 있을 뿐이다.

하나님의 나라도 마찬가지다. 이 땅, 물질의 세계에서는 하나님의 나라가 없다. 체험할 수가 없다. 얼마 전 인간은 우주가 계속해서 엄청난 속도로 팽창해 나가고 있다는 사실을 발견했다. 태양계도 온전히 알 수 없는 인간이 빛보다 빠른 속도로 계속 팽창해 나가는 우주를 어떻게 알 수가 있겠는가? 우리 인간의 지식과 체험은 수천 년이 지나도 우주는커녕 태양계도 벗어날 수 없을 것이다. 하물며 물질도 아닌 영적인 하나님 나라이랴! 예수님께서도 우리가 체험할 수 없는 세계이기에 천국을 비유로만 말씀하셨다. 눈을 본 적도 없는 사람에게 눈의 대표적인 속성만 말씀하신 것과 유사한 설명인 것 같다.

그러나 성경에는 하나님 나라에 대해 우리가 믿음을 가지고 소망하고 열망하기에 충분한 말씀이 계시되어 있다. 첫째 하나님의 나라는 하나님께서 통치하시는 나라다. 하나님은 사랑과 진리와 의의 하나님이시다. 그의 나라는 완전한 사랑과 진리와 의의 나라이다. 우리가 추구하는 완전한 행복과 자유함의 개념이다. 물질과 육신의 한계를 초월하여 완전한 지식과 완전한 생명과 기쁨의 상태이다. 그 상태가 어떤 상태인지 알 수는 없지만 이 땅의 결핍과 아픔과 눈물을 실감하는 사람은 그 완전한 상태를 미루어 짐작하며 열망할 수 있을 것이다. 요한 사도는 요한계시록에 하나님께서 보여 주신 하나님 나라의 비전을 서술하고 있다.

> "또 내가 새 하늘과 새 땅을 보니 처음 하늘과 처음 땅이 없어졌고 바다도 다시 있지 않더라"(계 21:1)

> "모든 눈물을 그 눈에서 닦아 주시니 다시는 사망이 없고 애통하는 것이나 곡하는 것이나 아픈 것이 다시 있지 아니하리니 처음

것들이 다 지나갔음이러라"(계 21:4)

둘째로 하나님의 나라는 영의 나라이다. 성경의 시작은 영이신 하나님께서 우주 만물을 말씀으로 창조하심을 선포하고 있다. 물질이 아닌 말씀으로 물질을 존재케 하셨다는 것은 모든 것이 물질로 구성되어 있고, 그 물질적 한계를 뛰어넘을 수 없는 인간의 영역에는 존재하지 않고 체득할 수 없는 개념이다. 영적 세계, 곧 믿음의 영역인 것이다. 믿음으로만 믿는 신념과 확신의 세계인 것이다. 신자들의 문제는 하나님 나라와 역사(일)를 물질적 개념으로 생각하고 측량하려 한다는 것이다. 장소와 시간이 없는 영의 세계를 상상할 수 없고, 물질의 풍성이 없는 축복의 의미를 실감하기 어렵고, 눈으로 볼 수 없는 비물질적인 하나님 나라의 유산이 무엇인지 확신하기가 어렵다. 그러나 예수 그리스도께서는 이 땅에 오셔서 육신의 눈으로 볼 수 없는 사랑 가운데 거하시는 하나님을 보여 주셨다.

"나를 본 자는 아버지를 보았거늘 어찌하여 아버지를 보이라 하느냐"(요 14:9)

"어느 때나 하나님을 본 사람이 없으되 만일 우리가 서로 사랑하면 하나님이 우리 안에 거하시고 그의 사랑이 우리 안에 온전히 이루어지느니라"(요일 4:12)

예수님께서는 사랑을 통하여 이루어지고 임하는 하나님 나라를 가르치신다. 그리고 믿는 자들은 사랑의 삶을 살게 되고, 그 사랑을 통하여 하나님을 알고 하나님 나라로 갈 것이라는 말씀이다. 물질 세상은 영이신 하나님께서 영적 능력으로 창조하신 것이다. 이 세상은 영의 세계가 지배하는 곳이다. 그것이 성령이든 악령이든 영적인 영향력 아래 모든 물질적 세계가 운영되어지고 있다. 예수님을 비롯하여 사도들과 초대 성도들은 이 세상이 가짜이며 진짜는 영의 세계인 하나님 나라라는 믿음을 가지고 세상의 부귀영화를 초개처럼 여기며 살다 갔다.

"이 사람들은 다 믿음을 따라 죽었으며 약속을 받지 못하였으되 그것들을 멀리서 보고 환영하며 또 땅에서는 외국인과 나그네임을 증언하였으니" (히 11:13)

성도들은 다른 나라, 다른 세계에서 잠깐 이 땅에 다니러 온 나그네라는 정체성을 가지고 살았다. 그래서 그들은 이 땅에서 오래 살며 뿌리내리기를 원치 않았고 이 땅의 것에 집착하지 않았다. 그들은 오직 하나님 나라를 소망하며 믿음으로 그 나라에의 귀향을 열망하고 꿈꾸며 살았다. 그 이유는 이 땅의 모든 것은 잠시 존재하다가 없어지는 것들이고 영원한 실체는 오직 하나님 나라라는 믿음 때문이었다.

"우리가 주목하는 것은 보이는 것이 아니요 보이지 않는 것이니 보이는 것은 잠깐이요 보이지 않는 것은 영원함이라"(고후 4:18)

"만일 땅에 있는 우리의 장막 집이 무너지면 하나님께서 지으신 집 곧 손으로 지은 것이 아니요 하늘에 있는 영원한 집이 우리에게 있는 줄 아느니라"(고후 5:1)

오늘도 이 땅에서 하나님의 사랑 때문에 자신의 삶을 찢어 나누는 헌신적 사랑의 삶을 사는 모든 그리스도인은 하나님 나라의 실체를 향한 소망과 확실한 믿음이 있는 성도들이다. 추상적 하나님 나라에 대한 개념을 가진 그리스도인들은 이 땅의 것과 타협할 수밖에 없으며 나를 희생할 수 있는 용기도, 능력도 가질 수 없는 것이다. 확실한 하나님 나라의 실체를 알아야 나의 삶을 변화시키고 세상을 변화시킬 수 있는 예수의 사람들이 될 수 있는 것이다.

2. 하나님 나라는 어디에 있는가?

믿는 자들은 하나님 나라의 소재를 분명히 알고 확신하고 있어야 한다. 하나님 나라에 대한 존재와 구체적 믿음이 없이는 하나님의 일을 할 수가 없다. 인간은 하는 척하다가도 자신의 이익과 안일과 쾌락 때문에 배반하고 돌아서게 된다. 참다운 헌신의 삶을 살

수 없다. 그것이 인간의 성정이다. 내가 죽으면 모든 것이 끝이라는 생각을 하는 사람들이 자신을 산 제물로 하나님께 드릴 수 있겠는가? 믿는 자들이 마지막 순간까지 기쁨을 가지고 말씀의 삶을 살 수 있는 것은 하나님 나라에 대한 확실한 소망 때문이다.

1) 하나님 나라는 크게 두 가지로 해석되어져 왔다.

첫째는 죽어서 가는 천당의 개념이다. 어디인지는 모르지만 육신의 수명을 다하고 숨을 거두면 육신은 흙이 되어 썩지만 우리의 영혼은 천당, 하나님 나라로 가서 영원히 산다는 것이다. (교리의 논쟁이 목적이 아니므로 세부적인 교리설명은 약하겠다) 신학적이고 철학적 사상이 없는 믿음의 선진들이 가졌던 하나님 나라에 대한 믿음이다. 틀린 믿음은 아니지만 하나님 나라가 어디에 있는지도 모르고 간다니 막연할 수밖에 없다. 그 막연한 베일에 휩싸인 나라를 위해 모든 것을 버릴 수 있을까? 방법은 오늘 성령의 임재하시는 체험을 통해 하나님 나라를 믿는 것이다. 이렇게 임재하셔서 함께 하시는 성령의 역사가 생생한데 하나님 나라는 분명히 있다고 믿는 것이다. 단순하고 어린아이 같은 믿음이다. 이 단순하고 순수한 믿음은 예수님께서 칭찬하신 어린아이의 믿음이다. 하나님의 나라를 유업으로 받는 믿음이다.

두 번째는 지식이 있는 현대인들에게 설득력 있는 하나님 나라의 개념이다. 하나님의 나라는 사랑과 의의 하나님께서 통치하시는 나라이며 믿는 자들이 이 땅에 사랑과 의를 구현하면 그곳이 하나님의 나라라고 생각하는 것이다. 분명히 맞는 생각이다. 예수님께서도 그렇게 말씀하셨다.

> "그러나 내가 하나님의 성령을 힘입어 귀신을 쫓아내는 것이면 하나님의 나라가 이미 너희에게 임하였느니라"(마 12:28)

> "또 여기 있다 저기 있다고도 못하리니 하나님의 나라는 너희 안에 있느니라"(눅 17:21)

인간의 욕망과 이기심 때문에 죄의 종이 되어 상처받고 병들어 죽어가는 인생에게 성령의 능력이 임하여 영육간의 병이 치유되고 믿음이 일어나면 사탄의 굴레에서 벗어나 하나님의 사랑과 의로운 영역으로 변화되는 모습을 말씀하신 것이다. 말씀의 의미는 하나님 나라의 속성을 말씀하신 것이다. 우리는 하나님의 은혜로 성령을 통하여 하나님 나라의 속성을 체험할 수 있다. 그러나 그 체험은 완전한 하나님 나라가 아니다. 그것은 부분적이고 단편적이며 일시적일 수밖에 없다.

그 이유는 물질적 존재로 육신을 가지고 있는 인간은 온전한 영의 나라, 하나님 나라에 계속적으로 거할 수 없기 때문이다. 개인적인 차이는 있겠지만 육신을 가진 인간은 그 누구도 완전히 욕망과 이기심을 벗어 버리지 못하기 때문이다. 거듭난 성도라 할지라도 죄의 영역을 완전히 벗어나 자유함을 누릴 수는 없는 것이다. 그 완전한 자유함은 하나님 나라에서만 누릴 수 있는 것이다. 그 이유는 언제나 내 삶과 내 환경이 하나님의 사랑과 의로움에 충만하지는 않기 때문이다.

현재적 하나님 나라의 신앙 역시도 온전한 말씀에 헌신을 이룰 수는 없다. 이 신앙은 희미하게 성령의 능력을 통한 하나님 나라에 대한 향수적 믿음이 있기에 그리스도인으로 살지만 세상과의 싸움에서 수없이 많은 패배와 후회를 반복하는 슬픈 신앙이다. 윤리적으로 살기를 힘쓰지만 언제나 한계가 있다. 현재적 하나님 나라관을 가진 사람들은 가능한한 최대로 이웃에게 진실해지려 애쓰고 도움을 주려 하고 봉사하려 한다. 그런데 진짜로 나의 삶을 희생해서 사랑하는 자리까지는 이르지 못한다. 내가 편안한 생활을 할 수 있는 만큼의 분량은 남겨놓고 해야 하기 때문이다. 그 이유는 그가 가진 현재적 하나님 나라는 내가 죽으면 끝나는 윤리적인 세상의 나라이기 때문이다. 그래서 나는 그리스도인이니까 가능한 범위 내에서 이웃과 잘 지내고 조금 희생도 하지만 나도 한 번뿐인 이생에서 편안하고 재미도 좀 보면서 살아야 하는 것이다. 눈 감으면 모든 것이 끝이고 '무'(無)라면 굳이 순교 같은 신앙의 자리까지 갈 필요는 없다고 내 속마음은 나를 붙들고 있는 것이다. 이 신앙은 고상한 윤리적인 선에서 삶의 수준을 맞추려 한다. 신앙으로 인한 큰 희생의 결단이 요청되는 사건에 맞닥뜨리면 그는 뒷걸음질을 칠 수밖에 없다. 참 신앙의 능력이 없다.

2) 초대 성도들의 하나님 나라 신앙

순교의 자리까지 마다하지 않았던 사도들과 초대 교회 성도들의 신앙은 무슨 차이점이 있었을까? 그들은 믿는 자들과 나누는 사랑의 삶과 날마다 역사하시는 성령의 능력 속에서 하나님 나라를 체험했을 뿐 아니라 육신의 삶이 끝난 다음에 열리는 영원한 하나님의 나라를 확신하고 뜨겁게 소망을 가졌었기 때문이다.

> "스데반이 성령 충만하여 하늘을 우러러 주목하여 하나님의 영광과 및 예수께서 하나님 우편에 서신 것을 보고 말하되 보라 하늘이 열리고 인자가 하나님 우편에 서신 것을 보노라 한대"(행 7:55, 56)

그들에게는 이 땅에서 몇십 년의 삶은 잠깐 다녀가는 나그넷길이었고 언젠가는 없어져 버리는 허상이었다. 사도들과 초대 성도들은 육신의 눈에는 보이지 않지만 하나님의 나라가 참된 실체이며 믿는 자들의 최종 목적지라는 확고부동한 믿음이 있었던 것이다.

> "만일 땅에 있는 우리의 장막 집이 무너지면 하나님께서 지으신 집 곧 손으로 지은 것이 아니요 하늘에 있는 영원한 집이 우리에게 있는 줄 아느니라"(고후 5:1)

이 믿음이 말씀에 순종하는 삶을 살게 하고 내 삶을 내어주는 참 희생과 헌신을 가능하게 하는 능력의 믿음이다. 그 위에 하나님의 나라가 어디에 있고 어떤 형태로 존재하는가 하는 지식이 더하게 된다면 그는 하나님의 사람으로서 성령과 동행하는 믿음과 능력의 삶을 살며 참 인생의 기쁨과 행복을 성취한 사람이 될 것이다.

3. 하나님 나라는 여기에 실재하고 있다.

하나님 나라의 속성으로 우리의 현재적 삶 속에서 일시적으로 체험되어지는 하나님의 나라를 의미하는 것이 아니라 실제로 성부 하나님과 성자 예수님, 그리고 성령님이 여기에 계시고 먼저 간 성도들이 여기 하나님 안에 계시는 하나님의 나라가 지금 여기에 실재하고 있다.

우리가 하나님의 나라를 보지 못하는 이유는 그 나라는 영적인 나라이기 때문이다. 사도 바울은 자신이 셋째 하늘에 다녀온 체험을 기록하고 있다. 그곳에서 사람의 말로는 형용하기 어려운 체험과 말을 들었다고 했다. 그는 그 체험의 순간에 자신이 몸 밖에 있었는지 안에 있었는지 모른다고 말한다.

"내가 그리스도 안에 있는 한 사람을 아노니 그는 십사 년 전에 셋째 하늘에 이끌려 간 자라(그가 몸 안에 있었는지 몸 밖에 있었는지 나

는 모르거니와 하나님은 아시느니라)"(고후 12:2)

"그가 낙원으로 이끌려 가서 말로 표현할 수 없는 말을 들었으니 사람이 가히 이르지 못할 말이로다"(고후 12:4)

이 체험은 날마다 역사하시는 성령의 체험과 더불어 사도 바울의 신앙 삶에 원동력이 되었을 것이다. 그는 하나님 나라의 실재를 체험했지만, 그곳이 어디에 있는 것인지 설명할 수 없었다. 환상 속에서 본 것인지 실지로 몸이 어디로 가서 체험한 것인지 알 수가 없었다. 우리가 분명히 말할 수 있는 것은 사도 바울의 몸이 어디로 다녀온 것이 아니라 영의 세계로 육신의 차원과는 다른 세계를 다녀왔다는 사실이다. 우리가 사는 세계는 3차원의 세계다. 하나님 나라는 5차원인지 10차원인지 모르지만 차원이 다른 실재하는 나라이다. 그렇기 때문에 하나님의 나라가 지금 이곳에 실재하는 데도 우리는 보거나 만질 수가 없다. 성령의 충만함 속에 사는 사람이 아니고는 느낄 수조차 없는 것이다. 오직 성령의 충만함을 받고 성령 안에서 사는 자만이 그 나라를 느끼고, 그 나라의 문을 부분적으로나마 열 수가 있는 것이다. 물론 우리가 여는 것이 아니고 하나님께서 하나님의 영적 세계의 문을 열어 주시는 것이다. 성령으로 거듭난 자들만이 지금 이곳에 성부와 성자와 성령께서 함께 하시고 그 하나님의 나라가 여기 현존하고 있음을 안다. 성부와 성자와 성령께서 여기에 계시고 불꽃 같은 눈으로 우리의 일거수일투족을 보고 계시며, 스쳐 지나가는 우리의 모든 생각까지 알고 계신다. 하나님께서는 내 삶의 순간순간을 모두 기억하고 계신다. 그리고 모든 것을 아시며 인생과 역사의 주체와 심판자가 되시는 것이다. 그러기에 우리의 기도 응답이 있고, 도우심이 있는 것이다.

예수님께서는 마태복음 28장 마지막 구절에 세상 끝 날까지 항상 우리와 함께하시겠다고 말씀하셨다.

> "내가 너희에게 분부한 모든 것을 가르쳐 지키게 하라 볼지어다 내가 세상 끝날까지 너희와 항상 함께 있으리라 하시니라"(마 28:20)

어떻게 예수님께서는 세상 마지막 순간까지 모든 성도와 항상 함께 계실 수 있는가? 주님께서 성도들을 격려하고 위로하기 위해 주신 인사치레 같은 말씀일 뿐인가? 결코 그렇지 않다. 이 말씀 속에 하나님 나라의 중요한 비밀이 들어 있다. 다시 강조하는 것이지만 예수님께서는 지금 그리고 항상 여기 계시고 우리를 보고 계시고 모든 것을 기억하신다. 그리고 필요한 순간에 하나님의 뜻을 이루기 위해 우리를 지켜 주시고 인도하시는 것이다.

하나님께서는 우리의 모든 순간순간을 슈퍼컴퓨터의 수억만 배 되는 능력으로 생생하게 기억하고 계시고 우리의 육신의 생이 끝나는 순간 우리가 살았던 모든 순간을 낱낱이 보여 주시며 하나님의 의로운 저울에 달아보고 심판하는 자리에 세우신다. 물론 그 누구도 하나님의 의의 기준을 통과할 수 있는 사람은 없다. 숨 쉬었던 순간순간들이 죄와 불의로 점철된 것을 깨닫고 하나님의 심판에 순종할 수밖에 없을 것이다. 그러나 예수 그리스도의 피로 죄 씻음을 받고 그의 가르침을 따라 살려고 애써 온 성도들만이 하나님의 의의 기준을 통과하고 하나님 나라의 영원한 백성이 될 것이다.

사도 바울은 그 하나님의 나라에 순간적으로 접속되었던 것이다. 하나님께서 사도 바울에게 하나님 나라의 영적 문을 열어 주신 것이다. 하나님 나라의 성령께서는 자신의 의지와 계획대로 우리의 세계에 오실 수 있지만 우리는 우리의 의지와 뜻대로 그 나라에 갈 수가 없다. 가는 순간은 우리의 육신의 삶을 마감하는 죽음의 시간이다.

초대교회 일곱 집사 중 한 분인 스데반 집사님은 최초의 순교자로 기록된 분이다. 그는 유대인들의 돌팔매로 피를 흘리며 죽어갈 때 하늘 문이 열리며 하나님의 영광과 그 옆에 서 계신 예수 그리스도가 보인다고 말했다. 그가 죽어가는 마지막 순간에 거짓말 했을 리는 없다. 악한 인간도 죽음의 순간에는 거짓을 말하지 않는다. 하물며 성령과 은혜가 충만했던 최초의 집사가 거짓말을 하면서 죽었다고는 상상할 수조차 없다. 스데반 집사는 육신의 생명이 꺼져가는 순간에 하늘, 곧 하나님 나라가 열리고 하나님의 영광과 자신을 맞이하려 서 계신 예수 그리스도를 보았던 것이다.

"스데반이 성령 충만하여 하늘을 우러러 주목하여 하나님의 영광과 및 예수께서 하나님 우편에 서신 것을 보고 말하되 보라 하늘이 열리고 인자가 하나님 우편에 서신 것을 보노라 한대"(행 7:55, 56)

성부, 성자, 성령께서는 언제나 우리의 일거수일투족, 그리고 우리의 마음을 보고 계신다. 꼭 필요한 순간에는 하나님 나라의 영적 문을 여시고 나타나신다. 하나님의 섭리와 은혜의 순간에는 영적 간섭이 일어나는 것이다. 바울은 자신의 다메섹 도상의 체험을 간증한다. 그는 예수 믿는 자들을 반대하고 체포하고 박멸하려는 사람이었다. 율법의 종교, 유대교에 반하는 이단과 같은 운동이라 확신했던 것이다. 예수 믿는 사람들을 체포하기 위하여 다메섹으로 가던 도중 강한 빛을 받고 땅바닥에 엎드러졌다. 자신의 이름을 부르는 목소리에 바울은 묻는다. "당신은 누구십니까?" 대답은 "나는 네가 핍박하는 예수라"였다. 그 순간부터 사울은 예수의 사람이 되었다. 사울을 지켜보시던 성자 예수님께서 결정적인 순간에 훗날 사도 바울이 된 사울에게 나타나신 것이다. 주님께서는 우리의 삶도 지켜보고 계신다. 만약에 주님께서 우리의 삶을 사용하시어 어떤 일을 하시고자 하면 주님께서는 우리의 삶의 결정적인 순간에 하나님 나라의 문을 여시고 나타나실 것이다. 예수님의 십자가 죽음 이후에 제자들은 유대인들이 무서워 문을 닫고 숨어 있었다. 예수께서는 부활하신 안식일 후, 첫날에 제자들이 문을 닫고 숨어 있는 방에 문을 열지 않고 나타나셨다. 부활하신 예수님은 육을 초월하는 다른 몸을 가지고 계신 존재임을 알 수 있다. 그것을 영체라고 부를지 부활체라고 불러야 할지는 모르겠으나 분명히 우리의 육신과는 다른 시공을 초월하신 다른 차원의 존재이셨다.

> "이 날 곧 안식 후 첫날 저녁 때에 제자들이 유대인들을 두려워하여 모인 곳의 문들을 닫았더니 예수께서 오사 가운데 서서 이르시되 너희에게 평강이 있을지어다"(요 20:19)

> "이 말을 할 때에 예수께서 친히 그들 가운데 서서 이르시되 너희에게 평강이 있을지어다 하시니"(눅 24:36)

지금 이 순간에도 우리의 주님 예수 그리스도께서는 살아 계셔서 우리와 함께하고 계신다. 단지 예수님께서는 우리가 살고 있는 3차원의 세상에 계시지 않고 차원이 다른 영의 세계인 하나님의 나라에 계시기 때문에 육신의 눈으로는 볼 수 없을 뿐이다. 그러나 주님께서는 우리 한 사람 한 사람의 일거수일투족, 그리고 스쳐 지나가는 우리의 생각까지 보고 감찰하고 계신다. 그래서 주님께서는 세상 끝 날까지 우리와 항상 함께 계실 것이라고 말씀하신 것이다.

베드로가 갇혀있던 감옥에 천사가 나타나 사슬을 풀고 옥에서 구출해 준 사건 역시 하나님의 나라가 베드로에게 열린 체험이다.

"홀연히 주의 사자가 나타나매 옥중에 광채가 빛나며 또 베드로의 옆구리를 쳐 깨워 이르되 급히 일어나라 하니 쇠사슬이 그 손에서 벗어지더라 천사가 이르되 띠를 띠고 신을 신으라 하거늘 베드로가 그대로 하니 천사가 또 이르되 겉옷을 입고 따라오라 한대"(행 12:7, 8)

하나님 나라의 문이 열리는 역사는 하나님의 은혜로 체험하게 된다. 많은 경우 성도가 말씀과 기도의 생활 가운데 하나님 나라를 보고 알 수 있는 체험을 하게 된다. 그러나 그것은 전적으로 하나님께 달려있다. 하나님의 계획이 있으면 초신자에게, 혹은 예수를 모르는 사람에게도 하나님 나라의 체험은 일어날 수 있는 것이다. 그 모든 하나님 나라 체험은 영속적이고 전체적일 수는 없다. 어떤 사람은 일생에 한 번, 혹은 간헐적으로 체험한다. 성도들은 하나님 나라의 체험을 통해 하나님 나라의 인식과 지식을 가지고 보다 굳건한 믿음의 삶을 살게 되는 것이다. 그 옛날 다윗은 우주에 만재하고 계시며 그의 모든 순간순간을 함께 하시고 지켜보고 계시는 하나님을 깨닫고 노래했다.

"내가 주의 영을 떠나 어디로 가며 주의 앞에서 어디로 피하리이까 내가 하늘에 올라갈지라도 거기 계시며 스올에 내 자리를 펼지라도 거기 계시니이다 내가 새벽 날개를 치며 바다 끝에 가서 거주할지라도 거기서도 주의 손이 나를 인도하시며 주의 오른손

이 나를 붙드시리이다"(시 139:7~10)

사도 바울의 서신 속에도 순교의 순간까지 모든 선교의 여정에 늘 하나님 나라에 살았던 모습을 볼 수 있다. 그것은 믿는 자가 기도를 통해 성령과 교류, 교제하는 모습이다. 그것이 성령의 충만이다. 우리는 성령 충만으로 우리의 일상에서 하나님 나라의 기쁨과 능력과 생명력에 접속되는 새 세계의 삶을 살게 된다. 그리고 하나님의 나라가 지금 여기에 현존함을 믿음으로 알고 하나님 앞에서 겸손히 하나님의 뜻을 위해 일하게 된다. 이것이 진짜 신앙생활인 것이다.

4. 성령의 능력의 나타나심으로

사도 바울은 자신의 사역이 성령의 능력의 나타나심으로 이뤄진다고 선포한다.

"내 말과 내 전도함이 설득력 있는 지혜의 말로 하지 아니하고 다만 성령의 나타나심과 능력으로 하여(My message and my preaching were not with wise and persuasive words, but with a demonstration of the Spirit's power)"(고전 2:4)

한글 성경에는 "성령의 나타남과 능력으로"라고 번역되어 있지만 바른 해석은 "성령의 능력의 나타나심"으로 되어있다.

바울의 모든 사역이 이 성령님의 능력에 의해서 이루어진 것임을 고백하는 것이다. 모든 성도도 하나님의 나라가 저희의 삶 속에 확실해지며 궁극적 소망으로 자리를 잡을 수 있음은 성령님의 능력의 나타남에 의해서이다.

성도들이 하나님의 나라가 어디에 있으며 어떻게 우리와 관계되어 있는지를 확실히 알게 되면 신앙의 자세가 달라지며 생활이 변하게 된다. 구체적인 삶의 현장에서 개인의 욕심과 정욕이 제어되며 사랑과 화평과 의로운 삶이 이루어져 나간다. 성부 성자 성령과 교제하는 성령 충만한 능력과 진리의 삶을 살게 되는 것이다. 삶의 진정한 행복과 참 기쁨이 무엇인지 알게 되는 것이다. 이것이 진정 코람데오의 삶, 하나님 앞에서 살게 되는 참 신앙생활이다. 이 신앙생활이 이루어져야 육신의 정욕, 안목의 정욕, 이생의 자랑을 극복하고 하나님께서 원하시는 삶을 살 수 있게 되는 것이다. 이 신앙이 이루어질 때 성령의 능력의 나타나시는 역사가 내 삶에 계속적으로 일어나게 되는 것이다. 빌립 집사님이 성령에 이끌려 에티오피아의 간다게 여왕의 재무장관인 내시에게 복음을 전하고 순식간에 사라진 것 같은 전도의 역사가 이루어지고, 사도 바울이 성령의 환상을 따라 마케도니아(오늘의 그리스) 지방으로 넘어가서 유럽 문명과 복음화의 기초를 세우는 역사가 이루어지는 것이다. 하나님 나라의 간섭과 인도하심이 있어야 하나님의 역사가 이루어지는 것이다. 성령의 나타나심의 역사인 것이다. 사도행전을 성령행전으로 바꿔야 한다는 말이 그것이다. 사도들의 행함과 이룸의 기초와 배후에 성령의 능력의 나타나심과 인도하심이 있었다는 것이다.

오늘, 이 순간에도 성령의 능력과 인도하심 아래 하나님의 나라가 실존하고 현존하는 나라임을 믿게 된 성도들을 통하여 하나님 나라가 이 땅에 확장되어지고 그로 인해 개인과 세상이 변화되어져 나가는 것이다. 하나님 나라는 성도들의 궁극적 소망이다.

'작은자교회'는 하나님 나라를 확실히 아는 성도들을 키워내며 그들로 인해 이 땅에 하나님의 나라가 확장되는 꿈을 향하여 부단히 수렴해 갈 것이다.

교회 중독
한국 평신도들을 위한 자유함 지침서

지은이 홍종걸
펴낸이 최병천
펴낸날 2023년 12월 1일(초판1쇄)
펴낸곳 밀알북스·신앙과지성사
　　　　　출판등록 제9-136 (88. 1. 13)
　　　　　주소 | 서울시 서대문구 연희로 177 옥산빌딩 2층
　　　　　전화 | 335-6579·323-9867
　　　　　팩스 | 323-9866
　　　　　E-mail | miral87@hanmail.net
　　　　　홈페이지 | http://www.miral.co.kr

ISBN 978-89-6907-324-2　　03230

값 12,000원

밀알북스는 신앙과지성사의 자매브랜드입니다.
펴낸이의 허락 없이 이 책의 전체나 부분을 어떤 수단으로도 이용할 수 없습니다